吴大器 著

上海国际金融中心建设探索与实践
(2020—2024)

立信会计出版社

图书在版编目(CIP)数据

上海国际金融中心建设探索与实践：2020—2024 / 吴大器著. -- 上海：立信会计出版社，2025. 1.
ISBN 978-7-5429-7831-8

Ⅰ. F832.75

中国国家版本馆 CIP 数据核字第 2025VH6275 号

策划编辑　窦瀚修
责任编辑　秦思慧
美术编辑　吴博闻

上海国际金融中心建设探索与实践(2020—2024)

SHANGHAI GUOJI JINRONG ZHONGXIN JIANSHE TANSUO YU SHIJIAN

出版发行	立信会计出版社
地　　址	上海市中山西路 2230 号　　邮政编码　200235
电　　话	(021)64411389　　传　真　(021)64411325
网　　址	www.lixinaph.com　　电子邮箱　lixinaph2019@126.com
网上书店	http://lixin.jd.com　　http://lxkjcbs.tmall.com
经　　销	各地新华书店
印　　刷	上海万卷印刷股份有限公司
开　　本	710 毫米×1000 毫米　1/16
印　　张	14.25
字　　数	228 千字
版　　次	2025 年 1 月第 1 版
印　　次	2025 年 1 月第 1 次
书　　号	ISBN 978-7-5429-7831-8/F
定　　价	72.00 元

如有印订差错，请与本社联系调换

在推进中国式现代化进程中进一步优化上海金融服务本色

（代序）

2020—2024年，是推进中国式现代化、高扬旗帜、系统布局的重要五年。上海在基本建成国际金融中心后，应充分考虑如何完善中国式现代化语境下的上海金融服务本色，以迎接全球百年变化的挑战。我和立足上海的开放型大金融研究团队，在深入学习中获取知识，在实践应用中求真探索，在优化思考中砥砺前行，书写了记载、探索、建言、思考的"四合一"篇章。

2020—2024年，在已有积累和现实需求的基础上，我优化了四个深刻认知，与团队达成共识：我们要不断学习中国式现代化的理论，明确方向，武装自己；要不断优化上海金融的服务本色，突出主流，提升自己；要不断落实问题导向，细化调查研究，找准破解方法，充实自己；要不断提出具有应用性和可操作性的观点、建议，完善自己。

自2020年以来，我以金融为基础，以服务为原则，用宏观、中观、微观相结合的金融视野对区域经济和长三角一体化发展以《上海国际金融中心建设蓝皮书》的形式进行了回顾，主要内容包括：金融人才是第一资源的浦东实践；上海金融服务科技创新实体经济的系统梳理；中国式现代化语境下的上海金融现代化；金融服务新质生产力的逻辑联系；区域经济合作中的金融服务等。在课题创新方面，我应用诠释和比较借鉴的方法，研究衍生了课题成果、专报上送、媒体发布、沙龙研讨等活动20余项，在社会上产生了积极的反响，大金融服务主题鲜明，贯彻始终，本书涵盖了其中的一些内容。

第一编"记载",是我从事智库决策咨询项目和思考部分的"工作手记",发布于"大器晨语"公众号。1991年,我师从复旦大学顾国祥教授,在他的指导下从事科研项目,接受会计、管理、经济、法律前辈徐政旦、石人瑾、王新奎、李国机等的言传身教,在火热的经济一线进行社会调研与实践。"工作手记"成为我的"专业记录",留下了我的专业思考和成长印记。其中,2020年,我主要对长三角合作的金融基础服务和金融面对新变化的应对进行思考;2021年,我主编《上海国际金融中心建设蓝皮书》,并提出宏观、中观、微观的"金融三观融合"系统解释;2022年,我主要着力推进金融人才是第一资源的浦东样本梳理和上海都市化农业的建设研究;2023年,基于上海金融业新型智库的基础建设需要,我着重研究区域经济的定位比较与如何构建更好地支持科技创新的上海金融服务体系;2024年,基于上海根据国家有关新质生产力创新和金融高质量发展区域经济合作的要求,落实优化金融服务定位,我着重研究金融服务如何实现对新质生产力、科技创新、实体经济的基础支持和区域经济合作。我的研究围绕上海金融的年度主要量化目标,突出问题导向,聚焦突破主线,体现了循序渐进的思路。作为比较,系统的记录也有一些相关的衍生记录,反映了中观视角的思维轨迹。

第二编"探索",是2020—2024年这五年来部分研究成果的汇集。这一部分突出体现了服务上海国际金融中心的应用、实用和特点以及特色梳理与探索追求。"上海陆家嘴金融人才的集聚成长"项目研究历时两年,由产、学、研三方开放组合而成,研究成果产生了广泛影响。"上海金融业支持科技创新的实践思考"课题是由上海金融业界的问卷调研、实地走访、交流讲座和科学梳理归纳而成,为上海金融业支持科技创新实践和未来金融服务提供了参考。"金融与智力融合联动,赋能产业创新与增长"是以上海市浦东新区金融促进会为主的探索项目,形成了一些有益的观点。有关"推动上海浦东科技金融发展的路径和展望"课题指出了浦东新区发展的有效路径和未来方向,推动了张江科技金融的发展。

第三编"建言"是决策智库建设成效的核心体现。这一部分选取了这一阶段报送专报中的部分成果。除了本书其他篇章中已经涉及的专报内容,这一部分汇集的报送专报的内容较受媒体与外界关注。其中,有关发行地方政府境外绿色债券和有关融资租赁流转平台建设的建议由我领衔的研究团队和陆家嘴金融城管理局共同完成;有关构建更好支持科技创新的上海金融服务体系的若干建议,由我任首席教授的上海金融业区域经济应用创新智库完成;有关"高度重视上海经济,深耕上海都市化营商环境建设"项目由我和研究团队成员合作完成。

第四编"思考",记载了我2020—2024年的学习、实践与思考。我认为,要深化对上海金融中观层面的认识,升华上海金融的应用,聚焦上海特色服务金融的本色;要基于原有的研究层面,适度重心下移,既清醒认知宏观上的国际、国内金融趋势,又要熟悉知晓上海金融服务各行业的需求,还要有中观定位。这一部分包含了上海国际金融中心建设过程的回顾;对中国式现代化语境下上海发展中的金融集结的诠释;中国式现代化语境下的上海金融服务体系;国际、国内视野下金融支持科技创新的比较、借鉴;中国式现代化下区域经济合作的应用系统建设和实践样本检测的复式并行方案。

写完"开场白"之时正值大暑节气,全国正在兴起学习、领会、贯彻中国共产党第二十届中央委员会第三次全体会议精神的热潮,我相信上海金融也一定能在优化服务本色中阔步向前,谱写中国式现代化下崭新的金融乐章。

吴大器

2024.7.22

目 录

第一编 记载 ··· 1
2020 年：长三角发展与金融服务 ··· 3
2021 年：《上海国际金融中心建设蓝皮书》回顾和若干社会观察 ······ 12
2022 年：金融、人才资源和都市化农业 ································· 29
2023 年：金融、科技和区域经济 ··· 47
2024 年：金融、区域经济和新质生产力 ································ 56

第二编 探索 ··· 69
上海陆家嘴金融人才的集聚成长 ··· 71
上海金融业支持科技创新的实践思考 ···································· 88
金融与智力融合联动，赋能产业创新与增长 ·························· 100
推动上海浦东科技金融发展的路径和展望 ···························· 115

第三编 建言 ··· 123
关于上海发行地方政府境外绿色债券的建议 ·························· 125
加快促进上海浦东高水平"引领区"相关财政监督立法授权工作的
    建议 ··· 130
关于在上海浦东新区设立个人征信公司的建议 ······················· 134
高度重视打通上海发展镇域经济的堵点，深耕都市化经济基础
    腹地的营商环境建设 ·· 138
关于构建支持科技创新的上海金融服务体系的建议 ·················· 149

第四编　思考　……………………………………………………………… 157
上海国际金融中心建设的回顾 …………………………………………… 159
中国式现代化与上海发展中的金融集结 ………………………………… 172
构建中国式现代化语境下的上海金融服务体系 ………………………… 179
国际、国内视野下金融支持科技创新的比较、借鉴 …………………… 195
研究中国式现代化下区域经济合作的"3＋3"探索思考 ………………… 211

后记　………………………………………………………………………… 214

参考文献　…………………………………………………………………… 215

第一编

记　载

第一章

婚 5l

2020年：长三角发展与金融服务

一、理论与实践结合，长三角一体化与高质量发展的初步探索

1. 研究过程的"六合一"，凸显决策咨询与实践应用的融合集成

这项成果源于上海市参事工作室的项目，它突出了决策咨询与应用实践的双重性质。研究过程中的"六合一"包括：优化一个选题、细化一份问卷、选择一组样板、形成一个建议专报系列、完善一个系统模型、出版一本专著，最终形成推进高质量发展的模型。

2. 指导思维缜密，体现了发展的三个"关键"带动力——一体化、高质量和体制机制创新的带动力

（1）经济一体化的核心是高质量发展，强化科学系统推进是关键一步。

（2）经济一体化应特别关注先进制造业集群的协同发展和以金融为核心的保障服务集成发展，锻造核心压舱石。

（3）上海要深化带头发展的责任意识，释放强大的能量。

（4）江苏、浙江、安徽要各扬所长，在和上海的"协同共享"中突出"1+3＞4"的一体化优势。

（5）面对内循环为主、内外循环互相促进的新背景，长三角区域经济有责任成为我国先行与加快探索这一发展方向的核心。

3. 探索目标明晰，拓展出一个全新的"协同、关联、集成"三维推进的原生态模型

本着创新的初衷，项目探索把实体经济、虚拟经济和区域经济这三个独立进行的领域纳入平行、联动的大平面维度范畴，按照长三角国家战略纲要确定的主要模块，进行全新的系统排列组合，把长三角区域经济发展的实体经济主角——科技引领的先进制造业和虚拟经济各项经济保障元

素中的主角——金融服务业,以及区域经济协同创新、研发应用维度的行业放入三维一体的推进模型,按规律性融合理念构建长三角一体化经济高质量发展的推进模型。项目在应用样本的实践探索中梳理、提炼、归纳了科创、金融协同服务、支撑区域经济一体化发展的共享互融路径。有关三维推进模型的协同、关联、集成三个特征的描述成为模型独有的服务一体化的主要依据。其中,协同体现了逻辑上的衔接,关联反映了内容中的直接影响,集成揭示了效果上的要求。在加快实施"内循环为主体"的推进工作中,三维模型可以更好地发挥其已有和潜在的作用。

4. 系统的有效性形成了研用、保障、成长的三维可推广经验

三维推进系统把实体经济、虚拟经济和区域经济放在长三角经济一体化战略的同一平面维度上进行关联、协同、集成推进。三个子系统各有内容重心。其中,区域经济研用子系统的功能包括:主要对国内外经济发展态势进行跟踪,研判科技金融等要素的影响和变革趋势,提出方向型布局建议,明确产业集群的技术研发路径,确定一体化布局的系统路线图、责任人和进度表。产业集群成长子系统的功能包括:通过聚集、汇总长三角区域的产业集群,绘制长三角区域细分产业供应链链式地图,把握相关产业集群成长的规律性态势,推动长三角区域的产业协同,提升长三角经济在全球价值链中的地位。经济保障集成子系统的功能包括:系统集成虚拟经济的多种元素,构建区域经济运行的网络体系,统筹指导虚拟经济发展,并依托数字经济(包括区块链)等新技术,提升各项元素的功能和效率。各基本元素在保障经济发展需求的过程中,提倡虚拟经济合力支持实体经济发展,形成以金融为核心的集成系统。

5. 区域建言的中观重点,为长三角区域经济一体化提供高质量发展的五个方向型建议

在子系统一期样本梳理总结的基础上,我们提出了长三角经济一体化系统推进高质量发展的五个方向型建议。具体如下:(1)推进长三角区域经济规划的高质量布局,擘画一体化发展新蓝图。(2)释放长三角区域科技创新的高水平潜力,一体化完善科技创新平台。(3)聚焦服务、管理的系列元素,提升一体化保障新合力。(4)拓展双核引领的集群制造业,打造一体化产业集群新高地。(5)提倡绿色生态、制度创新,彰显长三角融合推进新典范。

6. 未来行动,酝酿启动 2.0 版研究

2.0版研究包括以下方面:深入学习,开阔视野,对标更高标准;深入探讨,把握方向,对标现实需求;优选样本,辐射苏皖,对标发展速度;用足经验,借鉴推广,对标宣传范围;着力大局,细化方向,对标实操演练,为绪论构想框架。

二、上海与浙江台州的金融协同

浙江省台州市正在从全国"小微金改"试验区转型为示范区。我们认为上海应在以下方面布局金融协同。

(1)加深金融协同方面的四点建议:第一,统筹用好"三观思维",启动"十四五"相应规划工作。第二,优化跟进长三角一体化下上海与浙江台州的协同发展。第三,突出金融服务主线,长三角一体化与高质量项目的理论与实践并进。第四,紧扣双循环,感悟新变化,展开两个方面的开放型格局和系统型共进。

(2)上海在对标主路径上需要更加关注五个金融核心切入点。第一,长三角区域金融的协同发展、共同服务一体化与高质量的广泛需求,已经成为制定区域经济"十四五"规划的重要关注点。第二,长三角区域的金融业特别需要结合各自地域的产业布局、经济特色制定相应的金融发展规划。第三,浙江台州在贯彻台州市委发展路径的工作中,紧密突出已有的小微金融特色与基础,为"十四五"规划打下相应基础。第四,上海可以在长三角一体化和高质量的发展中发挥金融的核心枢纽作用。第五,上海与长三角各区域的金融特色有机融合、协同共进,抓住重点加快突破推进。

三、长三角发展与陆家嘴金融协同的昨天、今天和明天

1. 不确定性下的新机遇与挑战

目前,我国所处时期的机遇和挑战都有了新的变化,国际环境的不稳定性、不确定性明显增加,作为我国改革与发展的先行区域,长三角区域面临着全新的双循环挑战,同样,长三角区域内的上海陆家嘴金融城,也面对着挑战中的机遇及前所未有的市场不确定性,需要审时度势,加强思考。

2. 陆家嘴金融在长三角区域的地位

认识陆家嘴金融在长三角区域中的重要性,要从金融的服务监管、赋能和相互促进中加以展开。

首先,陆家嘴和长三角其他区域有很深的渊源,如浦东新区的裕安大厦、紫金山大酒店、嘉兴大厦,这些建筑本身是长三角一体化发展在陆家嘴早期实践的产物。

其次,陆家嘴与长三角一体化是密不可分、互为促进的关系,高度集聚的金融要素市场和相对完善的金融市场体系是陆家嘴的核心优势。

陆家嘴的金融监管机构如中国人民银行上海总部、国家金融监督管理总局上海监管局、中国证券监督管理委员会上海监管局是金融业发展的基础保证,金融要素市场化的上海证券交易所、上海期货交易所(以下简称上交所)、上海保险交易所也都在陆家嘴,陆家嘴是金融市场体系、金融资源配置的枢纽,具有核心优势。

最后,截至2020年8月,159家公司在科创板上市,其中72家公司的科创板募资额达到816亿元,在这过程中,陆家嘴发挥了要素市场的优势。同时,陆家嘴专业服务机构对长三角区域的服务辐射,也具有鲜明特点。①辐射面很广,主要体现在驻扎陆家嘴的各类总部企业在产业链细分领域的专业服务上,如"圣奥化学",作为领先的聚合物添加剂综合服务商,总部在陆家嘴,但研发中心和生产基地分布在长三角的其他地区。②沟通交流畅通。陆家嘴已经成为长三角区域沟通交流的核心平台。陆家嘴面临以下问题:怎样为长三角区域服务、怎样把握上海进口国际博览会的契机、怎样为长三角区域的企业搭建供需对接平台、怎样凝聚区域的业界合力营造长三角金融高质量发展的环境并在每年共同发布长三角金融发展研究报告等。长三角一体化需要科技和金融双重发力为未来拓宽空间。陆家嘴金融在长三角一体化的新征程中要有系统思维,要充分显示成果,更要重视耕耘。陆家嘴金融要服务好先进制造业、制定服务先进制造业的路线图和时间表,从而在弘扬成绩的同时加快补短板、解难题、开新局。

陆家嘴从成为上海国际金融中心功能区的那一刻起,就规划了有形的区域空间。陆家嘴不只是一个地理位置,对上海而言,金融决策的监管机构、金融市场要素的主要组成部分都在陆家嘴。上海金融迈开更新的步伐、陆家嘴、外滩、北外滩和临港金融湾开始形成互补合作、服务与联系长三角区域的金融枢纽。

3. 长三角一体化战略的思路与方向

金融科技紧密结合需要聚焦科创。浦东新区成为长三角科技创新协同创新的前沿平台。浦东新区通过金融资本实现区域科技和金融商业融合的新型驱动制度体系建设,如针对生物医药产业科创板如何对生物医药板块开通绿色生态通道、如何优化科创属性提升科技含量;如对已经上市的公司相应持续融资的安排,针对性的差异化分析可以突出科创板与长三角产业优势集群的制度关联和融合效益。按照《长江三角洲区域一体化发展规划纲要》,上海要在科创板的机制创新上下功夫,要重视在世界具有影响力的先进制造业集群,加上金融赋能的战略提升,使战略的思路、方向与价格务实。

4. 陆家嘴金融与长三角发展的协同

陆家嘴的金融发展功能需要从五个方面进行优化:一是继续开阔视野。二是继续脚踏实地,因地制宜。三是继续与时俱进,借鉴比较。四是顺应大势,改革前行。五是优化路径,循序渐进。

未来,长三角与陆家嘴需要坚持改革开放与协同探索,并一起绘制发展蓝图。

四、长三角应建立区域性区块链示范区

1. 区块链是数字产业重要组成部分

区块链作为重要的信息基础设施,以其独特的技术优势,建立"可信数字化"的信任体系,并与云计算、大数据、人工智能、物联网等信息技术融合创新,构建有秩序的数字经济体系,为数字经济发展提供新动能。区块链技术在数字产业中可以发挥数据确权、实体经济的效率提升和产业创新、提升协调政府治理能力等三个重要作用。

2. 长三角应加快打造区域性区块链示范区

区域性区块链示范区应不同于我国其他区块链的先行试验,长三角区域的高校和科研院所应发挥优势,更加重视区块链理论技术研究、区块

链底层基础设施等核心技术的自主研发。

3. 加快建设区域性监管沙盒试点机制体系

中国人民银行为深入做好金融科技创新监管试点工作,将上海列入试点。金融科技创新监管试点工作以长三角区域为试验区,建立区域性的监管沙盒试点机制及规范的流程体系,形成监管沙盒试验环境。

基于此,我们提出以下建议:

(1)国家金融监督管理总局作为指导机构,以长三角地方监管机构为主体,行业监管、学术研究机构和第三方平台共同参与构成监管体系,制定规范的准入标准,建立相对灵活的规则调整机制,对金融科技相关的产品、服务、商业模式和交易机制领域的创新进行测试,测试周期一般保持在6~12个月。

(2)上海应制定清晰全面的金融科技企业准入制度,分行业、分节奏地严格筛选符合条件的项目,优先选择能够促进民生普惠和提高金融业动能的金融科技产品与服务,严格甄别所申请测试项目的创新性特点,以"实质创新"的标准划定沙箱的准入边界,将不具有实质性创新的项目排除在沙箱外,以防止监管套利。

(3)上海应设立完善的项目测试评估反馈机制,测试项目以保护消费者利益为核心,加强金融科技企业与监管主体之间的沟通,适时反馈真实的测试情况,针对出现的问题及时调整方案,以为监管沙盒制度的进一步完善提供借鉴。

(4)上海要探索建立完备的金融科技企业项目退出机制,包括沙盒测试成功后企业的牌照获取规则和路径渠道,以及沙盒测试失败后企业的延长申请或停业公示制度等。

在前期实践中,建议上海将保险科技作为优先试点。总体而言,我们建议以长三角区域为试验区,建立区域性的监管沙盒试点机制体系及规范的流程体系,形成监管沙盒试验环境。上海牵头启动并发挥国际金融中心的优势,以宁波国家保险创新综合试验区为重点试验点,重点关注分布式账本技术、在线平台技术、应用程序接口技术、生物识别技术、智能合约、智能保顾技术在保险领域的应用,对保险科技新产品或新服务进行真实或虚拟沙盒测试的实施进行可行性研究,为长三角一体化沙盒测试的实施提供保障。

五、长三角区域要在科技自立自强和关键核心技术重大突破方面当好排头兵

第一,长三角区域要以协同创新、联动为抓手,形成稳定的特色产业链,推进长三角区域协同创新,全面提高长三角区域的开放创新水平,集聚创新要素,形成与国际通行规则相适应的投资、贸易制度,打造具有全球影响力的科技创新高地。这样有利于长三角城市群加快成为我国参与国际竞争的重要平台,以及提升要素配置能力和效率,从而带动国家竞争力的全面增强。

第二,长三角区域要下决心在2~3年形成应用集成,协调合力的、可复制推广的经验模式。推进长三角区域协同创新,整合长三角区域的创新和产业优势,有利于推动区域间共同设计创新议题、互联互通创新要素、联合组织技术攻关。同时,打造区域协同创新共同体,统筹和引领长三角区域一体化发展,最终推动和实现我国区域协调发展提供新模式。

第三,长三角区域要下大力气聚集新兴制造业,在研用新平台集群新高地上细化攻坚项目,为建设具有国家特色的产业增长极提供基石;要重视协同创新和科技研发并举,优化长三角经济研用新平台,如强化长三角经济一体化的协同创新、突出科技研发应用、进一步完善长三角区域合力打造的"G60科创走廊"、建成长三角经济一体化大数据研用中心、构建长三角经济一体化研用的发展新平台,从而实现长三角区域经济一体化高水平的协同创新和科技研发的突破;要拓展双核引领的新兴制造业,壮大长三角产业集群新高地。长三角区域应尽快形成新兴制造业集群规划,启动并实施以关键掌控力为主要标志的区域若干制造业集群攻坚行动计划,为建设具有国际影响力、带动力的产业增长极夯实基础。

六、突出三个供给,长三角区域与上海浦东新区的"三维共进"

浦东新区要科学把握新发展阶段,坚决贯彻新发展理念,服务构建新发展格局,坚持稳中求进工作总基调,努力成为更高水平改革的开路先锋,更好地向世界展示中国理念、中国精神、中国道路。

长三角一体化必然是浦东新区再出发的一项责任,我们结合三维推进长三角一体化高质量发展模型(以下简称三维推进模型)进行探索,在长三角一体化的背景下,浦东新区应探索以下内容。

1. 推进高水平制度供给,优化区域经济研发应用系统的科学集成

长三角区域"三省一市"(上海、江苏、浙江、安徽)形成的长三角区域经济是我国极具基础特色和潜力的地区。我们设想创建的研发应用区域经济系统应将协作、创新、研发作为聚集探索的重要内容,制度供给的梳理、提炼、汇集、传送,必须提升到与协作创新、科创研发同等重要甚至更为关键的位置。浦东新区要当好开路先锋,一定要在高水平制度供给方面打造更多、更好的实践范例,为长三角一体化与高质量发展提供制度供给、协作创新、科创研发的经验积淀,也对三维推进模型的探索提出了研究优化目标。

2. 推进高质量产品、产业供给,优化产业集群成长系统的发展趋势

在长三角一体化与高质量发展的核心阶段目标中,建设若干具有国际影响力的先进制造业产业集群是三维推进的核心构成。科学技术深刻影响着人民生活,经济、社会发展和民生改善需要科学技术解决方案,也都更加需要增强创新这个第一驱动力。浦东新区要全力做强创新引擎,打造自主创新新高地;要面向世界科技前沿,面向经济主战场,加强基础研究和应用基础研究,打好关键核心技术攻坚战,加速科技成果向现实生产力的转化,提升产业链水平,为全国产业链、供应链稳定作贡献。为了在关键核心技术领域取得大的突破,浦东新区要聚焦关键领域发展创新型产业,加快在集成电路、生物医药、人工智能等领域打造世界级产业集群;要深化科技创新体制改革,发挥企业在技术创新中的主体作用,同长三角区域产业集群加强分工协作,突破核心技术、推出高端产品、打造中国标准;要积极参与、牵头组织国际大科学计划和大科学工程,开展全球科技协同创新;对高质量的产品、产业供给提出要求,对提升、健全以科技作引领的产业集群成长子系统进行探索。浦东新区应深入思考研究背景、研究价值的诸多新变化,紧扣硬核产业与科学基础应用设施和系统设施,优化长三角科技创新的最优试验场设计;强化长三角科技与产品、产业集群的链接,深化为长三角先进产业集群配置的全球创新资源数据库设计。在三维推进模型产业集群成长系统的应用实践中,我们要继续深入调研浦东新区科技金融的具体创新探索,努力搭建一体化科技引领和服务平台,在延伸科技创新内涵、覆盖更多非硬核科技创新产业方面给予建议,以实现浦东新区对长三角先进制造业集群尽可能多的产品、产业供给。

3. 推进高效率资金供给,促进以金融为核心的经济保障集成系统的效率提升

以新技术为依托、金融为核心的经济保证集成系统,是三维推进模型的重要组成部分,也是浦东新区推进高效率资金供给的重要运行基础。浦东新区要增强全球资源配置能力;服务构建新发展格局;更好地统筹国内与国际两个市场的资源;增强资源配置能力;提高对资金、信息、技术、人才、货物等要素配置的全球性影响力,努力成为国内大循环的中心节点和国内、国际双循环的战略链接,在长三角一体化发展中更好地发挥龙头作用。浦东新区要完善金融市场体系、产品体系、机构体系、基础设施体系;建设国际金融资产交易平台,提升重要大宗商品的价格影响力,更好地服务和引领实体经济发展;要发展更高能级的总部经济,成为全球产业链、供应链、价值链的重要枢纽。多年来,陆家嘴金融经历基础建设、机构聚集和功能提升等三个阶段,已经成为上海国际金融中心的核心功能区。如何改善更高标准的软硬件发展环境、如何突出资金服务实体经济并对接长三角区域的中小科创企业、如何加快金融国际化开放步伐,成为理论界和实务界共同探讨的话题。针对上海金融与科创两个中心的融合发力,三维推进模型在探索中深入梳理制度供给,以及产品、产业供给和资金供给的相互关系,寻找如何破解科技创新的引领秘诀(大科学装置、系统硬件体系、产品科技系统)、如何打造浦东新区反哺长三角区域的双引擎协同发力(科技引领的先进制造业和金融为核心的经济保障系统)、如何完善浦东新区高质量的"三合一"(制度供给,产业、产品供给,资金供给,三者融合)新构架,从中探索经济保障集成系统的效率提升点。如何推动科技金融发展、创新大潮中的差异化监管和错位竞争中的分类服务,正陆续走在经济保障集成系统的面前,作为区域经济资金供给"活力之源"的浦东新区如何形成与城市精神相适配的"扶小、扶早、扶特"的科技金融服务规则,正是我们正在研究的内容。

2021年:《上海国际金融中心建设蓝皮书》回顾和若干社会观察

一、学习、思考与感悟——《上海国际金融中心建设蓝皮书》收获原创型研究成果回眸(1)

在2013年《上海国际金融中心建设蓝皮书》(以下简称《蓝皮书》)的专项研究中,我们将金融中心在上海"四个中心"建设进程中的作用、功能作为重要比较内容,研究历时一年,取得了量化实证支撑的基本结论和相应建议。

1. 研究的基本模块和基本内容

研究的基本内容分为四个模块,包括"上海'四个中心'目标的确立和由来""上海'四个中心'的内涵及国际金融中心的核心地位分析""发挥金融中心在'四个中心'的核心引领任重道远"和"融合发展的上海'四个中心'建设"四部分。

在"上海'四个中心'目标的确定和由来"模块中,研究从上海"四个中心"目标的提出(20世纪90年代初期)、四个中心目标确立为国家战略(1997—2005年)、上海"四个中心"目标的深化("十一五"时期至"十二五"时期)三个阶段进行梳理,论述了确立与由来的历史逻辑。

在"上海'四个中心'的内涵及国际金融中心的核心地位分析"模块中,研究通过上海经济中心的内涵、上海"四个中心"的内在作用机理、国际金融中心建设的发展状况、国际航运中心建设的发展状况、国际贸易中心建设的发展状况、从统计规律看上海"四个中心"建设的内在联系和"四个中心"的逻辑关系等方面进行了包含13个表格、27个图示的详尽剖析。研究分别从经济总量、国际金融中心的主要交易市场和功能、1998—

2011年GDP和金融业增加值变化、2005—2011年上海各交易市场成交市值变化、2004—2011年全国银行间货币与债券市场变化情况,以及2000—2011年上海市生产总值、金融业增加值、港口货物吞吐量、进出口总值的四个指标情况等视角加以数据佐证。在统计方法的科学性论证中先后运用了构建结构向量自回归 VAR 模型、格兰杰因果检验分析、脉冲响应函数分析、方差分解分析等方法对相同数据逐一验证。科学证实了国际金融中心在"四个中心"体系中核心地位的观点。

在"发挥金融中心在'四个中心'的核心引领任重道远"模块中,研究从国际金融中心建设的难点、发挥金融中心在国际航运中心建设的引领作用的主要做法、发挥金融中心在国际贸易中心建设的引领作用的主要做法等三方面提出了相应的建议。

在"融合发展的上海'四个中心'建设"模块中,研究从上海"四个中心"融合发展的总体概况、上海"四个中心"融合发展的趋势两个方面进行了深度思考,并对融合发展中的关联难点进行剖析。在金融核心功能建设中地方立法和业界自治、航运金融助力航运中心服务转型升级、金融创新推进上海自由贸易试验区建设、会计基础支撑优化上海"四个中心"建设的运行和秩序等环节,我们提出了相关建议。

2. 研究的基本结论和观点

上海"四个中心"的目标提出于 20 世纪 90 年代初期。1997—2005年,目标确立为国家战略;在"十一五"时期至"十二五"时期,上海"四个中心"目标得到进一步深化,步入深化发展阶段。

上海"四个中心"的内在作用机理如下:上海发展的重心是国际先进制造业和现代服务业,而从经济的角度来看,在现代经济中,金融中心应引导、服务实体经济,航运中心既是贸易中心的基础,又是拉动金融服务的重要动力,应突出中国(上海)自由贸易试验区(以下简称上海自贸区)建设,提高国际贸易中心的建设力度,从而形成以建设国际金融中心、航运中心、贸易中心为手段和措施,服务并推动建设国际经济中心的上海"四个中心"建设格局,其中航运中心、贸易中心、金融中心各司其职,又相互联系密不可分、相互支撑、联动发展,总体是一个系统工程。

上海国际金融中心的建设发展、航运中心的建设发展、贸易中心的建设发展都有其规律型发展轨迹。从金融业增加值、金融业从业人员发展状况、金融机构存贷款余额、保险费收支情况、金融市场交易发展状况等方面剖析后发现：上海的金融市场体系较为完善，金融产品较为丰富。"十一五"时期后，金融增加值高速发展，金融从业人员发展仍需加强，业务发展潜力可期。航运中心、贸易中心的发展与金融业密切相关，相互支撑，依存比例上升。

研究通过统计方法评价得到结论：一是金融业增加值对上海市生产总值、港口吞吐量、进出口总额有较大影响，国际金融中心发挥的引领作用更大，扮演了更核心的角色。二是国际金融中心、国际航运中心、国际贸易中心的发展，对国际经济中心发展有较强的解释作用，四者息息相关，其中金融业的核心引领作用，是在与其他中心的融合中体现的。

"四个中心"的建设发展是以国际经济中心的发展为目标，国际金融中心建设发展为核心的相互协调、相互促进的全面发展。

3. 若干结论

研究发现国际金融中心建设有以下主要难点：人民币还未成为真正的国际化货币；金融机构的集聚力度不够；金融市场体系的广度、深度还不够；金融立法的空白要弥补，法制环境要进一步完善等。

研究提出了发挥金融中心在国际航运中心建设中引领作用的建议：①完善航运全球服务功能体系。②完善航运金融工具。③加快发展航运保险业务。④探索发展航运衍生品市场等。

研究提出了发挥金融中心在国际贸易中心建设过程中的引领作用建议：①进一步推进并完善跨境人民币贸易结算。②推动离岸金融服务与离岸贸易的结合等。

二、比较、借鉴与适配——《上海国际金融中心建设蓝皮书》收获原创型研究成果回眸(2)

《蓝皮书》始终将原创型应用研究与上海国际金融中心的战略发展、国际链接联系起来，既立足本土，又环视国际，更关注上海的系统布局。蓝皮书特别注重研究方法的历史与现实平衡、比较对象地域的共性与个性、鉴别逻辑衔接的相互影响与相互关联。上海国际金融中心的成长还要重视保障经济、金融全面发展的各项基础元素的合作与集成。未来的上海金融2.0版一定会取得新收获。

2009年,储敏伟教授提出了加强蓝皮书应用研究、整合研究的改版导向。鉴于上海金融学院重点发展金融和会计学科的需要,蓝皮书对加强金融与会计的关系进行研究,开阔研究视野,形成了协同建设与上海国际金融中心相匹配的会计生态系统的研究系列成果。

1. 研究的基本模块和基本内容

研究的基本模块由三个部分组成,即2010年蓝皮书第二编的第七章"上海国际金融中心建设与会计发展",2011年蓝皮书第二编的第六章"金融监管与会计准则的差异和协调",2013年蓝皮书第三编第十章"四个中心融合发展中的若干关联研究"中的以会计基础支撑优化上海四个建设的运行秩序等。

在2010年的"上海国际金融中心建设与会计发展"模块中,研究在对国际金融中心建设与会计发展轨迹的认识、上海国际金融中心建设与会计地位关系、构建与上海国际金融中心相匹配的会计生态系统等三个部分系统梳理了两者的历史发展关联,比较了两者的现时发展关系。研究率先提出了上海构建与金融相匹配的会计生态系统的设想,引起我国会计学界的热议,丰富了上海国际金融中心系统构建的内容。

在2011年的"金融监管和会计准则的差异与协调"模块中,研究在金融监管与会计准则的差异、金融监管与会计准则的协调、金融监管与会计准则的协同进程、研究结论及思考等部分梳理了两者之间的异同,提出了协调及其过程对策。

在2013年的"四个中心融合发展中的若干关联研究"模块中,研究在会计是上海金融与四个中心建设运行秩序的基础手段、重视建设中的试点需求、优化延伸会计职能的协同范畴、重视核心运行秩序中的会计支撑职能与协同等部分提出了会计应发挥不可替代作用的相应建议。

2. 研究的基本结论和观点

金融与会计的历史发展轨迹体现了一个规律:国际金融中心的路径和发展时期与会计中心的转移路径和发展时期高度吻合,国际金融中心同时也应该是会计理论创新和具有会计准则话语权的区域所在地。

中华人民共和国会计发展的标志性事件为制定和完善会计准则，政府会计得到大力发展。我国应正视国际金融与会计的发展规律，顶级国际金融中心应该同样重视国际会计准则的现实，因此上海建设国际金融中心应优化系列目标。

上海要构建与上海国际金融中心相匹配的会计生态系统。系统的经济主体由各类金融市场、金融服务中介机构、金融市场监管机构和金融市场中的投资者组成。系统的内部环境，由经济主体间的会计信息沟通、经济主体之间在会计领域的合作为主。会计生态系统可以成为上海国际金融中心建设延伸的重要基础组成部分。

金融监管与会计准则的对立统一关系要辩证看待。一是银行监管和会计准则存在差异，两者在信息前瞻性和审慎性的理解上明显不同，这方面值得重视。二是金融监管和会计准则之间必须进行协调，协调方面主要包括：加强金融监管机构和会计准则制定机构之间的合作；加强金融监管机构对会计准则体系划分的借鉴。三是金融监管与会计准则的协调进程不容忽视，特别要关注两者在金融危机来临、双方博弈、后金融危机三个阶段的特殊表现。

重视金融监管和会计准则的差异与协调是区域性金融中心建设基础支撑的重要组成部分。上海要优化金融监管和会计准则协调过程的匹配节奏；要提升我国金融监管和会计准则制定方面的国际话语权；要健全金融监管与会计准则协调模式的运作秩序；要注重对银行业混业经营的研究及借鉴。上海要为金融监督与会计准则在实践中的处理提供好的范例。

上海以会计基础支撑优化金融中心的运行秩序建设，着力试点需求，延伸会计职能的协同范畴。上海要从需求反映与供给引导、系统集聚与规模经济、区位资源与国际生态三个方面加以推进。上海努力在四个方面优化运行秩序试点：一是科学谋划会计体系用以服务金融中心的"会计数据系统"建设。二是全面构建会计体系基础支持效应的双元匹配发展运行模式。三是细化制定上海金融核心功能区的会计规范，确定"先引先试"内容。四是加快形成核心功能区"会计联席会议"制度。

当前，会计与数字经济、人工智能的双向赋能正如火如荼，会计面向新的时代背景更需要加强相应研究,而跟上时代节拍的"会计生态系统"必将出现新的版本。

三、"制度加科技"的上海金融反腐倡廉——《上海国际金融中心建设蓝皮书》收获原创型研究成果的回眸(3)

2010年年末,按照中国共产党上海市委员会金融工作委员会和上海金融学院的商定,双方成立开放式课题研究团队,对上海金融系统的反腐倡廉进行专项研究,历时整整一年,成为全国唯一的省(市)级金融行业反腐倡廉理论应用的专项课题。

1. 研究的基本模块和基本内容

研究的基本模块由两个部分组成。一是2011年蓝皮书的第三编第九章应用理论的系统诠释:"金融服务市场建设与预防腐败的基础理论与关系研究"。二是2011年蓝皮书的第三编第十章构建上海模式的系统梳理、描述:"构建上海'制度加科技'金融源头防腐体系的探索"。

在应用理论的系统诠释中,研究从四个方面进行了由浅入深地剖析:①腐败与金融腐败的基础理论。②金融腐败的诱因和机会:经济转型与市场建设。③金融腐败的产生机理:权力与市场、金融领域预防腐败的市场。④制度和技术基础等。该分析为上海金融反腐倡廉的探索给予了相应的理论铺垫。

在构建上海探索的描述中,"制度加科技"的源头防腐体系分别从"制度加科技"源头防腐系统的基本内涵界定、"制度加科技"源头防腐体系构建的理论基石、构建"制度加科技"源头防腐体系的探索实践及启示、构建上海"制度加科技"金融源头防腐体系的举措与成效、构建上海"制度加科技"金融源头防腐体系进程中的问题与对策等五个方面进行了实例型论述,形成了上海"制度加科技"金融源头防腐模式的样本式报告。

2. 研究的基本结论和观点

研究要系统梳理金融腐败的界定和根源、诱因和机会,产生的机理也不容忽视;要特别关注金融业的资金交易腐败和金融监管腐败这两种类型,关注金融腐败的主要根源:权力寻租;要系统认识经济转型期的金融市场,正视金融腐败的内部诱因在企业法人治理结构、内部控制制度、薪酬体系等方面的"缝隙",以及金融腐败的外部诱因在社会资金需求、外部监管体制等方面的"缝隙";要清醒认识金融腐败的产生机理和市场失灵、金融风险与金融腐败三者的关系,以及权力干预、金融监管与规则俘获之间的联系;对金融腐败形成机理的两种形态,即市场权力化与金融腐败、权力市场化与金融腐败,有清晰的判别。

金融领域预防腐败,需要市场、制度和技术基础同时发力。在市场建设上,上海要加快金融体制的市场化改革,健全金融机构法人治理结构,提高金融运行透明度,完善金融机构的内部控制制度,提高金融机构的经营效率,按国际金融惯例规范经营发展。在制度安排上,上海要推进权力与市场的制度隔离,设计减少腐败预期成本的制度体系。在预防金融腐败的技术应用上,上海要加快制度与技术的融合,要走好预防金融腐败的技术创新路径。

上海构建"制度加科技"金融源头防腐体系取得的经验形成了"1+3"效应,即突出科技手段的制度建设,形成防治制度走形,保证制度推行,提升防腐效能,并渐进式形成电子监控型、内控管理型、专项监督型、资讯服务型和专业管理辅助型等五个种类体系。其启示如下:①把制约权力作为推进"制度加科技"的根本出发点。②把有效管用作为推进"制度加科技"的基本着力点。③把信息技术作为推进"制度加科技"的重要支撑点。④把社会参与作为推进"制度加科技"的未来生长点。

构建上海"制度加科技"金融源头防腐体系的"五举措"和"四成效"值得借鉴、复制。"五举措"的重点突破如下:①制度与风险预警相结合,强化监督机制。②制度与实时监控相结合,聚焦重点环节。③制度与信息管理相结合,强化有效管控。④制度与技术研发相结合,革新管理流程。⑤制度与网络平台相结合,提升服务品质。"四成效"的体现如下:①以制度为基础,形成结构合理、科学程序配置严密、制约有效的权力运行机制。②以科技为手段,促进金融源头防腐体系设计目标与执行效果的辩证统一。③以机制为保障,实现源头防腐与金融职能部门优化业务管理的有机融合。④以实践为驱动,推动试点经验和创新思路在金融源头防腐工作重点集成转化。"五举措"和"四成效"为上海金融反腐倡廉进一步夯实了发展基石。

上海"制度加科技"金融源头防腐体系建设永远在路上,并需要在以下方面持续加强。一是深化金融体制改革,完善金融机构公司治理结构,构建均衡、富有活力的金融生态环境。二是完善"制度加科技"金融源头防腐体系的基础理论构建,以理论指导推动实践创新。三是做好"加法",克服制度与科技分离建设、各自为政的现状,帮助"制度加科技"形成合力,将反腐倡廉建设和具体金融业务的"两张皮"做成"连体衣"。四是从"制度加科技"角度出发培养复合型的金融反腐人才队伍,健全金融人事制度,塑造"责任、审慎、合规、创新"的金融文化,开创了上海"制度加科技"金融源头防腐体系的新局面。

上海在国际金融中心建设中,如何防范风险、廉洁发展,事关上海国际金融中心的长远发展。"制度加科技"的上海金融反腐倡廉的有效实践,为上海金融现代化反腐倡廉提供了重要参考。

四、联动、共生与集成——《上海国际金融中心建设蓝皮书》收获原创型研究成果的回眸

上海是多项国家战略实施、推进的国际化大都市,也是国家改革、开放、发展的前沿阵地。在上海国际金融中心建设的过程中,协同把握好多项国家战略间的联系,形成联动、共生与集成的科学系统效应,成为蓝皮书重要的研究内容,地处上海浦东新区的开放型研究力量,开展了多项国家战略中金融内容的关联应用型研究,并形成了多项研究成果。

构建上海国际金融中心、上海自贸区金融创新和浦东新区综合配套改革中金融事项的"联动共生"应用模型。

2014年的蓝皮书专项研究聚焦了金融的核心功能,上海国际金融中心与上海自贸区的金融创新、浦东新区综合配套改革中的金融事项整合集成起来,创建了"联动共生"应用模型,以指导相应建议,并取得了好的效果。

1. 研究的基本模块和基本内容

研究的基本模块由构建"联动共生"应用模型,"应用模型"联动的逻辑规律剖析,"应用模型"共生的现实路径剖析和制度创新、功能延伸、产业拓展的三合一推进思维四部分组成。

在"联动共生"应用模型的构建中,研究提出了该模型的三个基本要素:三明治、联动和共生。研究提出了该模型的三个价值:"炎黄命脉""巨龙扬波"和"驰骋世界"。研究诠释了模型的三个特征:域时特定、功能延伸;制度创新、效益叠加;产业融合、实体为先。

在"应用模型"联动的逻辑规律剖析中,研究从三方面诠释了联动的规律体现。其中,关于时间延续的联动逻辑,从上海金融中心的顺势启动、浦东新区综合配套改革的探寻扩航和上海自贸区金融改革创新破冰的三次关联启动时点可以证明金融发展元素的逻辑关联。关于空间延展的联动逻辑,从浦东新区陆家嘴的建立,星罗棋布、功能全面的上海金融发展格局、临港新区金融"苗圃"一派盎然的三次扩容地域可以证明金融扩张范围的逻辑关联。关于行为主体延伸的联动逻辑,从汇拢传统金融、新兴金融的国内与国际精英团队,汇集先进制造业、现代服务业、高科技新兴产业的各路人才,汇聚未来世界经济"亚太引领"人才智库的三块人力智库集合可以证明金融人才兴业的逻辑关联。因此,时间延续、空间延展、行为主体延伸的联动一定能尽显其中。

在"应用模型"共生的现实路径剖析中,研究从地域特有的共生物理态势、功能特有的融合共生走势和效益特有的叠加相成、共生规律优势三方面加以体现。其中,关于地域特有的共生物理态势,可以从浦东新区引领演绎金融核心传奇、"自贸苗圃"试验金融国际化战略重点突破和"共建森林"凸显上海金融全面发展的溢出效应三方面的紧密协同,体现共同成长、延绵相依的共生环境。关于功能特有的融合共生走势,则可以从理性寻找、引导借鉴、探索与共鸣;制度试验,衔接体制、机制和法制共建;核心引领串联金融、航运贸易、共振三方面实现三者的有序融合,探索融合延伸、循序共生的全新路径。关于效益特有的叠加、共生规律优势,也可以从目标相同、构筑国家战略效能的基石,内涵相依、分解效益的量化目标;进程相衔、链接创新效率的窗口三方面实现三者的叠加合成,开阔集成效益的共生之路。因此,把握共生物理态势,顺应融合规则走势,弘扬效益叠加的规律优势,共生也必然可以实现。

在制度创新、功能延伸、产业拓展的"三合一"推进思维中,研究从多层面思考、基本内容、系统的形态机理三方面进行了论述。其中,多层面思考部分分别从国际视野、国家战略、上海选择、浦东新区样板加以阐述。基本内容部分则从制度创新、核心引领的主轴;功能延伸、路径集体的优化;产业拓展、推进导向的聚焦三点作了构架。系统的形态机理部分则重点论述了推进形态和推进机理,突出设计了环环相扣、协同开放的推进形态,突出论述了联动共生、旋进开放的推进机理。"联动共生"应用模型由我领衔的研究团队历时半年研究完成,以期为建言献策提供基本思路。

2. 研究的基本结论和观点

上海国际金融中心建设、上海自贸区金融创新、浦东新区综合配套改革中的金融专项是国家多项战略中具有逻辑关联、内容关联、实质关联的相同类型活动,适时建设三者的"联动共生"应用模型符合经济发展和改革开放的需要。

遵循经济社会协调可持续发展的规律,适时、适度规划部署上海国际金融中心建设,上海自贸区金融创新,浦东新区综合配套改革中金融专项三者的阶段建设行动有其必要。设计三者在各自相关工作重点领域关联、协同互动,形成相互支撑、相互依存、相互制约、优势互补的共生型格局,创建地缘关联、功能延伸、效益叠加、制度创新的上海金融发展特色,加快完成连接世界金融体系的上海金融制度创新功能区、产业拓展的三合一成长进程,有其理论构建、试验实践的价值。

"联动共生"应用模型建设不仅要抓紧形态探索,重视形态的研究,而且要努力实现"环环相扣、协同开发"的三合一推进形态应用突破。设想中的运行系统由一个目标、三个内生环节和一个外生环节组成(目标、制度创新、功能延伸、产业拓展、压力测试)。其中,目标是上海金融中心核心功能区,上海自贸区金融创新、浦东新区综合配套改革的金融事项实现开放改革的"联动共生";制度创新、功能延伸、产业拓展的内生环节环环相扣构成"三合一"推进态势,外生环节是风险与压力测试控制体系。按照压力测试的要求,风险控制体系应该包含常态的事中、事后监管评估。风险控制体系环绕在各环之间,出发点和终点均为目标,在它产生的效应下,三合一推进的运作周而复始,而每一个周期都可以将联动共生提高到一个更高的层次,形成协同开放的局面。

"联动共生"应用模型建设要抓牢机理探索,重视机理研究,努力在

"联动共生、旋进开放"的三合一推进机理的应用中实现突破。设想中的运行机理如下：以上海自贸区金融创新事项为契机，实现上海国际金融中心建设，浦东新区综合配套改革中金融专项的"联动共生"，顺应金融发展潮流，坚持制度创新的核心引领，试验三者联动的功能延伸，推进实体经济与科技创新的产业拓展，形成风险可控的监管评价体系，实现三合一进程的"由点及面，点面结合，相互渗透，互为依存"。研究通过循环交替和系统平衡达到"开放、旋进"的理想目标，"旋进"机理是基于三合一推进进程中出现的规律性现象，即体系的三块内容在整体推进系统运行中互相依存、影响、渗透，通过螺旋循环试验，循序渐进地持续接近并达到预定的目标。"旋进"是推进的核心，也是"和合"的理想境界。

"联动共生"应用模型要在制度创新、功能延伸和产业拓展的螺旋循环、周而复始的规律性轨迹机理上下功夫。其中，制度创新的旋进路径是"学习借鉴—兼顾现状—优化方案—一线放开—细化试验—防范风险—成熟推广"；功能延伸的旋进路径是"梳理条件—组合排列—分项对接—区内亮点—区外成片"；产业拓展的旋进路径是"实体经济为本—四新企业为要，科技创新为重—集聚人才为先"，三合一系统的核心特点是整体性、开放性，通过三者的旋进性连接，系统实现整体提升，以及开放互补、动态旋进和协调稳定，最终实现动力加速的初衷。

五、《上海国际金融中心建设蓝皮书》：见证上海国际金融中心的基本建成

2006年，上海金融学院按照国家战略的方向型引领，开始编写《上海国际金融中心建设蓝皮书》，用于记录当年金融市场、机构等的发展，剖析相应的数据事项，研究当年的核心热点，汇集相应的建言献策。2016年，上海立信会计学院和上海金融学院合并组建上海立信会计金融学院，蓝皮书的编撰继续进行。

2006—2020年，蓝皮书的编撰可以分为三个阶段。第一阶段为2006—2009年，时任主编为储敏伟、贺瑛、朱德林。作为初期的探索，团队付出了超出想象的努力，夯实了基础，形成了基本构架。第二阶段为2010—2013年，时任主编为储敏伟、吴大器、贺瑛。作为后危机时代国际

金融中心建设纪录的开始,该阶段的编写以基本概述、分析和专题深度研究为主,突出了当年的研究重点,逐步形成了相应影响力。第三阶段为2014—2020年,时任主编为吴大器,作为多项国家战略推进区域的上海,上海国际金融中心已经与系统化国际大都市的国家战略体系衔接组合。编写以广义视角,注重研究系统集成下的金融辐射、融合型内容,着重突出了建言献策部分内容。

2019—2020年,蓝皮书第一编是2019年上海国际金融中心概览与分析,由第一章上海金融市场的发展、第二章上海金融机构发展分析、第三章国际金融中心最新排名组成,主要体现当年市场、机构和国际的比较。

2019—2020年,蓝皮书的第二编是上海国际金融中心最新排名,由第四章蓝皮书见证上海国际金融中心历史跨越、第五章强化上海陆家嘴金融城金融功能研究、第六章上海自贸区发展知识产权金融研究、第七章上海天然气交易市场发展研究组成。本编主要进行了研究综述,专项进行了上海陆家嘴金融面向"十四五"的功能研究,专项开展了上海自贸区推进知识产权金融的研究,也启动了对上海天然气交易市场发展的相应研究。

2019—2020年,蓝皮书的第三编是发挥金融独特功能,促进上海全面发展的决策、咨询与建言,由第八章上海浦东新区"十四五"科技金融制度、产品(产业)、资金供给的方向研究、第九章长三角三维高质量推进模型下的经济保障集成系统金融样本研究、第十章依托科创板、推进落实上海新一轮生物医药产业行动方案的机制与效果评价研究、第十一章优化上海天使投资政策研究、第十二章浦东增强金融服务实体经济的研究组成。

六、提升三观融合思维,紧扣调研的系统集成

在构建新发展格局的当下,调查研究是多地区、各行业迫切需要加强的基本功,而三观思维的系统集成是有效构建的基础思维之一。

三观思维的系统集成是指对任何事物都要从微观(战术)、中观(战役)、宏观(战略)进行深入观察、梳理并融合衔接进行全面、前瞻判断的系统辩证思想方法。

通常,这样的三观思维需要感性的基础积累,最好经历过相应的微观

战术历练、中观战役实践、宏观战略统筹。三观思维体系的主要三元素为思维与思维方式、理论思维能力和能力组成系统。

同样,三观思维体系要细化内容与解析。微观思维元素可概括为政治站位、单元运作、法治规范、升级转化。中观思维元素可概括为政治衡量、统筹均衡、严守底线、协同推进。宏观思维元素可概括为政治统驭、超然谋划、高线寻机、集成大势。

三观思维系统集成的完善,需要努力在以下方面提高水平:一是着力抓住层级的思维特点,努力从宽视野、新境界中体会思想蕴含的深义;努力从成事基础、系统集聚中体会兼容并联;努力从站位体会、换位思考、定位感悟中体会多维鉴别。二是关于层级之间关系的科学把握,坚持系统论、创新论和底线论的融合界线。三是着眼全面形成系统集成的基本逻辑,注重战略、辩证、法治的提升途径。

新发展格局的构建,需要以调查研究为基础,三观思维的系统集成需要全社会共同关注。

七、论知识存量、知识增量与知识质量

2021年,中国面对"立足新发展阶段,贯彻新发展理念,构建新发展格局"的趋势,在"十四五"规划的推进中务实前行。知识是美好未来的基石,我们需要注重对知识存量、知识增量和知识质量三者的融合运用和系统集成。"三量思维"和"三观思维"一样,是应用践行自我评价与衡量体系的组成部分。

1. "知识三量思维"的基本诠释

知识是指人们通过阶级斗争、生产斗争和科学实验的实践活力,获得的对客观事物的认识。

知识是人们获得的客观事物的认识,是运动的积累过程,即存量、增量和质量的系统集成或融合,知识是进步的阶梯。

知识存量是指人们对三大实践活动的已有认识,包括人们已有的接受教育学习的理论体系和已有的相应实践认知。这是一个较长的历史时期,不能仅仅理解为人们已有的教育学习背景,而是教育学习过程和已有实践认知的全过程。

知识增量是指人们在已有知识的基础上，学习自己尚未系统接受过教育的新理论和获得的对客观事物发展的新认识的总和。通常，知识增量是人们在社会发展进程中实现"更高、更快、更强"愿景的支撑需求和实力。

知识质量是指人们对三大实践活动已有的认知、适应当今人类社会发展活动的行为技术和作为的状况和程度。通常，知识质量是人们认知满足实践活动需要的评价标准。它可以理解为知识质量是一个特定时点存在于特定人、主体间的即时知识的衡量评价。在社会的发展进程中，知识质量处于一个动态、变化的范畴。

形成并完善"知识三量思维"是"立足新发展阶段、贯彻新发展理念、构建新发展格局"的必然要求，也是知识的应有要义，值得我们充分重视。

2. "知识三量思维"的基本价值

知识存量的固有功能体现了人们获得的对客观事物认识的基础。接受的教育是知识存量的主要部分，而内容一般都是单项或个别几项，即教育体系中的学科、专业，能够掌握全能教育体系全部内容则比较罕见。同样，人们对三大实践活动的已有认识，也是知识存量的重要组成部分。这个部分的知识存量和人们的年龄成正比，获得感性认识的活动越多，对存量的积累也就越多。任何个人都要对自己的知识存量有一个量化估准。在人类社会发展的进程中，每一个人的知识存量都是有限的，终身学习应该是一生的追求。

知识增量的发展功能揭示了人们对获得客观事物认识的需求永无止境。人类社会的进步、发展，科学技术的创新、发展造就了知识增量的无限空间。人们需要将知识增量作为当前、未来对客观事物认识的核心内容，也是人们终身学习、终身认知的核心范畴。一个国家或地区能否在世界范围内走在持续发展的前列，知识增量的关注程度、改善程度和提升程度是关键的影响因子。从特定角度来看，每个人重视知识增量，也就开启了自己发展的"加速器"。

知识质量的评价功能显示了人们对获得客观事物认识实时效益和效果的需求，该功能成为"知识三量思维"的重要方法。21世纪20年代，中国"三新"的发展过程迫切需要知识的有效支撑、知识存量的基础支撑、知识增量的提升支撑、知识质量的评价支撑，"知识三量思维"的基本价值，值得人们深刻认识。

3. "知识三量思维"的系统集成

正确理解知识存量、知识增量和知识质量的定义和价值,需要在系统集成上下好功夫、做足功夫,即自我认识知识存量的实际存在状况、自我谋划知识增量的未来行动计划、自我定期评价知识质量的效益与效果。同时,知识三量的数据、结论应集成梳理并形成知识图谱。

4. 注重持续学习和实践活动

一是要注重持续学习的系统性、专业性和融合性。知识存量与知识增量都是教育的要义和环节,包含学历教育和非学历继续教育两个部分,可见知识的持续学习是一个永恒的主题。首先,终身学习就是一个知识系统的基本概括、不断充实与完善的过程。处理好知识的系统性学习,加强专业化学习,这是实践活动的客观需要。通常,学历教育的专业设计,就是社会发展各个方面需要的体现,也是一个不断优化发展的过程,同样,非学历继续教育的课程和开放环节更是三大实践发展中的专项知识新需求,两者相向推动专门技术知识的阶梯式递进。其次,持续学习的融合性的处理不可偏废。每一个学习主体,都要善于融合过去、现在和将来的学习内容,并以单项向全能的思路设计衔接。最后,在持续学习的过程中,学习要注意避免流于形式,才能真正学到内容;要把对学习对象、内容的"知道"升华为"认知",并学以致用,这才是知识的增量和未来。

二是要注重实践活动的可持续、内循环和新格局。三大实践活动是检验知识存量、知识增量和知识质量的平台。实践活动需要把握三个主要特点。其一,实践活动的可持续,自我国进入社会主义初级阶段以来,阶级斗争、科学实践是整个历史阶段的基本实践活动,体现了可持续的历史特征,因此,知识存量、知识增量有着基础的延续、衔接和逻辑关联,也正是这样的循序渐进型规律,决定了"知识三量思维"的递进特征,因此抓住"可持续"十分必要。其二,实践活动的内循环是我国工作的重心,同时要注意内外循环的相互促进。过去我国在对外开放、引进先进技术与资金上颇多建树,近几年,国际环境发生诸多变化,不确定因素增加,我国要集中注意力,完善国内各个区域经济的特色。例如,推进长三角一体化和高质量的数据、经验与协同创新,用科学内循环促进外循环联动发展等,因此实践活动内循环十分重要。其三,实践活动的新格局。新格局不是维持简单的已有计划、做法、组成和已有体系,而是要着眼全球视野,着手国家战略、着力区域责任,在构建上创新谋划,实现格局重塑。"十四五"规划正在推进和精益求精,因此抓住新机遇十分重要。将实践活动作为"知识三量"的施展与应用平台,应该成为贯彻"三新"的一块试金石。

八、浦东新区的下一个30年

2021年7月15日,《中共中央 国务院关于支持浦东新区高水平改革开放打造社会主义现代化建设引领区的意见》(以下简称《意见》)对外发布,赋予浦东新区改革开放新的重大任务,支持浦东新区勇于挑最重的担子、啃最硬的骨头,努力成为更高水平改革开放的开路先锋、全面建设社会主义现代化国家的排头兵、彰显"四个自信"的实践范例,更好地向世界展示中国理念、中国精神、中国道路。

《意见》还明确,到2035年,浦东新区现代化经济体系全面构建,现代化城区全面建成,现代化治理全面实现,城市发展能级和国际竞争力跃居世界前列。到2050年,浦东新区建设成为在全球具有强大吸引力、创造力、竞争力、影响力的城市重要承载区,以及城市治理能力和治理成效的全球典范和社会主义现代化强国的璀璨明珠。

《意见》提出,浦东新区应全域打造特殊经济功能区,加大开放型经济的风险压力测试。开放发展和风险压力测试本身是一把"双刃剑",需要探索如何做好均衡运转,形成改革开放有力度,同时也能守好底线的可持续发展模式。

1. 成为更高水平改革开放的开路先锋

2020年,浦东新区要抓住机遇、乘势而上,科学把握新发展阶段,坚决贯彻新发展理念,服务构建新发展格局,坚持稳中求进工作总基调。

《意见》提到,浦东新区取得了举世瞩目的发展成就,为中国特色社会主义制度优势提供了最鲜活的现实证明,为改革开放和社会主义现代化建设提供了最生动的实践写照。《意见》是在全面建设社会主义现代化国家新征程中出台的,它支持浦东新区高水平改革开放、打造社会主义现代化建设引领区,引领带动上海"五个中心"建设,更好地服务全国大局和带动长三角一体化发展的战略实施。

2. 改革开放既要有力度,又要守好底线

值得注意的是,《意见》还提出在浦东新区全域打造特殊经济功能区,加大开放型经济的风险压力测试。可以看到,这一思路在文件中多处体现:在风险可控的前提下,研究探索支持浦东企业服务出口的增值税政策。在监管部门信息共享、风险可控的前提下,推动海关特殊监管区域外的重点企业开展高附加值、高技术含量、符合环保要求'两头在外'的保税维修业务;构建与上海国际金融中心相匹配的离岸金融体系,支持浦东在风险可控前提下,发展人民币离岸交易。加快建设张江综合性国家科学中心,聚焦集成电路、生命科学、人工智能等领域,加快推进国家实验室建设,布局和建设一批国家工程研究中心、国家技术创新中心、国家临床医学研究中心等国家科技创新基地;推动超大规模开放算力、智能汽车研发应用创新平台落户;研究对用于临床研究的药品免征进口环节税等。

在打造世界级创新产业集群方面,《意见》提出,在总结中国(上海)自由贸易试验区临港新片区实施经验的基础上,研究在浦东特定区域对符合条件的从事集成电路、人工智能、生物医药、民用航空等关键领域核心环节生产研发的企业,自设立之日起5年内减按15%的税率征收企业所得税。在浦东新区特定区域开展公司型创业投资企业所得税优惠政策试点,在试点期内,对符合条件的公司型创业投资企业按照企业年末个人股东持股比例免征企业所得税,鼓励长期投资,个人股东从该企业取得的股息红利按照规定缴纳个人所得税等。

此外,浦东新区同长三角地区产业集群加强分工协作,突破一批核心部件的技术、推出一批高端产品、形成一批中国标准。发展更高能级的总部经济,统筹发展在岸业务和离岸业务,成为全球产业链、供应链、价值链的重要枢纽。浦东新区依托长三角产业集群优势,建立了一批科技成果转化中试孵化基地。

对于制度设计,浦东新区要将产品、产业供给放在更高的高度,在打造世界级创新产业集群的过程中加快试验探索。此外,在资金供给上浦东新区要进一步巩固优势,并结合国际和国内两个发展方向。

2022年：金融、人才资源和都市化农业

一、上海的都市化乡村产业与上海国际消费中心城市建设的逻辑关联

1. 都市化乡村产业与国际消费中心城市相关联

上海的乡村产业有着独特的优势。都市化下的乡村产业，正在为上海加快国际消费中心城市建设贡献着自己的力量，支撑着消费中心的辐射和延伸。

上海独特的乡村禀赋为建设国际消费中心城市提供了开阔腹地。振兴都市化乡村产业，应该成为上海建设国际消费中心城市的内涵。上海在推进都市化乡村产业培育方面，应把都市化乡村产业纳入上海国际消费中心城市建设的规划体系，力争在"十四五"时期建设形成都市化的"海派农村产业"和"消费中心的亮色"。

2021年7月，上海被批准成为国内率先开展国际消费中心城市培育的地区之一。同月31日，上海召开动员大会，中国共产党上海市委员会、上海市人民政府要求在消费供给、首发经济、消费商圈、消费环境和消费模式等五个方面加快推进，以推动国际消费中心建设不断取得新进展。此外，上海、北京、广州、天津和重庆已获批率先开展国际消费中心城市培育建设，这对促进国内国际双循环、加快消费提质升级具有重要意义。

2. 上海乡村产业具有的特色优势和内涵

与其他四个培育城市相比，上海的乡村产业具有五个特色优势，即市场优势、政策优势、业态优势、人才优势和价值优势。加快乡村产业振兴规划，可以为培育国际消费中心城市开辟全新腹地。

都市化的乡村产业是上海国际消费中心城市建设的重要组成部分之

一,"十四五"期间乡村产业将会得到更好的发展机遇。其振兴应该成为上海建设国际消费中心城市的重要内涵,原因有以下三方面。

第一,在以扩大内需和以内循环为主的战略背景下,都市化乡村产业可以成为建设国际消费中心城市的重要抓手。

第二,都市化乡村产业的"1+3"融合探索,可以支撑消费中心的辐射和延伸。在做好都市休闲农业的基础上,探索乡村新业态、新产品、新技术的应用场景,提升科技、消费、农业、旅游的都市化"四合一"组合新价值,可以为上海国际消费中心建设注入"上海乡村"元素。

第三,以都市化乡村产业培育为契机,推进环境体制创新。盘活乡村闲置宅基地、扭转零散开发的粗放模式,形成与上海相匹配的乡村品牌,以及在乡村经济中植入新业态等已经成为热门话题。

3. 三管齐下,助力"海派农业"发展的建议

乡村振兴已经成为新时代"三农"工作的总抓手,上海把都市化乡村产业纳入国际消费中心城市建设规划,加快都市化乡村产业在消费供给、首发经济、消费商圈、消费环境和消费模式的差异化探索,努力在"十四五"期间初步形成与上海消费中心城市相适配的"海派农业"。

我们在振兴上海乡村产业、共建上海国际消费中心城市方面提出以下三点建议。

一是将上海乡村产业纳入上海国际消费中城市建设规划,重点聚焦农村产业"一产+三产"的复合发展,不再采取以往单一发展农产品深加工的方式;明确"农村产业振兴"在消费供给、首发经济、消费商圈、消费环境和消费模式中的作用,以此打开培育上海国际消费中心城市的"清新之窗"和"生态之门"。

二是把"上海乡村产业振兴"与"上海五个新城建设"进行联动定位,形成上海国际化大都市"十四五"发展"浦东引领、两翼(自贸新片区和长三角一体化示范区)齐飞"形态下的星网支撑格局。五个新城的一体化与差异化规划,要始终与乡村产业进行"一张图、一张皮"的联动,探索五个新城与都市化乡村产业融合模式,协力夯实上海国际消费中心城市培育的基石。

三是围绕国家发展战略,实现"振兴乡村产业,共建上海国际消费中

心城市"。上海以实际情况为基础,保持经济稳定,同时牢记发展是第一要务。上海通过高质量发展乡村产业,实现上海国际消费中心城市的战略目标,并通过确定性的政策举措,推进"海派农业"发展。

二、以更开阔视野走优、走宽上海金融发展之路

2020年,上海国际金融中心已基本建成,回顾建设进程,我有诸多体会。

1. 着力基础建设的市场、机构和创新,科学并举,集成发展

上海国际金融中心的基本建成,集中体现在金融市场、金融机构和金融创新三个方面。

首先,目前上海金融市场已形成了位居国际前列的金融要素市场体系,涵盖了资本市场、外汇市场、货币市场、商品期货市场、现货市场、金融衍生品市场、外汇货币市场、保险市场,突出了要素市场完备、交易活跃、令世界瞩目的标志性特征。同时,上海金融市场的对外开放程度大幅提升,"沪港通""债券通""沪伦通"的问世推进了我国资本市场与国际接轨。金融市场是上海金融发展的基础底色,经过多年持续发展,含金量十足,亮点纷呈。

其次,金融机构主要体现了两个方面的重要变化:一是持牌类金融机构呈阶梯形增加。二是金融机构的国际化程度不断提升。此外,国际金融组织纷纷落户上海,自2020年以来,已新添10余家外资资管机构,资管规模排名全球前10的机构已有9家落户上海陆家嘴。

最后,金融创新体现了能力增强和效应显现的特点。据不完全统计,自2010年以来,上海已产生金融创新奖600余项。如"设立科创板并试点注册制改革落地"等项目提出的包容效应、成长效应、集聚效应、快速效应、均衡效应、威慑效应和示范效应的具体举措,有力地推进了科创板的创新进程;跨境银行间支付清算公司的"人民币跨境支付系统建设与运营"等项目,对促进人民币国际化进程具有战略价值。

可见,金融市场是上海国际金融中心发展的基础,金融机构是成长脉络,金融创新则是驱动力。经过多年的发展,上海国际金融中心三个核心要素的规模渐进成长,其发展规律得以推进性展现。

2. 核心节点的战略，融合推进，科学成长

上海要把握上海国际金融中心建设的国家战略宏观导向，认真关注每阶段工作的推进重点，进行宏观引领、中观均衡和微观着力的有机匹配与融合。

2006年制定的上海国际金融中心第一个五年规划是上海国际金融中心建设迈向基本建成目标的一大步。规划明确了以国家战略为统领、以增强集聚和辐射能力为主线、以改革创新为动力、以强化监管为保障、以优化金融生态环境为基础的架构，提出了上海2010年的发展目标。对于与此相匹配的专题研究金融人才的供求预测和外部、内部生态环境建设，系统专项提出打造特色中心的建议，对资产管理中心等形成细化的建设方案发挥了适配的效果。

2009年4月29日，国务院发布了《国务院关于推进上海加快发展现代服务业和先进制造业建设国际金融中心和国际航运中心的意见》(国发〔2009〕19号)，确定了建设总体目标，即到2020年基本建成与我国经济实力以及人民币国际地位相适应的国际金融中心。同时，该意见为上海国际金融中心的金融市场体系、金融机构体系、金融人力资源体系和金融发展环境勾画了宏伟蓝图；明确有关时间节点、协调机制等要求；特别细化了对上海地方层面的规定，涉及了先行先试的诸多内容，如"创造条件适时开展人民币用于国际贸易结算试点""研究探索推进上海服务长三角地区非上市公众公司股份转让的有效途径""适时启动符合条件的境外企业发行人民币股票"等。与此相适应，相关研究对加快推进上海国际金融中心建设进行了权威的政策解读，同时提出了上海率先突破的十个方面的决策咨询系列建议，产生了积极的促进作用。

2013年，上海自贸区的成立成为上海国际金融中心建设进程中的重要事件，上海自贸区与上海金融的融合发展至关重要。从上海自贸区内容组成看，金融改革是其中一项重要内容。上海自贸区挂牌不久，"一行三会"(中国人民银行、中华人民共和国银行业监督管理委员会、中华人民共和国保险监督管理委员会、中华人民共和国证券监督管理委员会)先后出台了多条措施，迅速推出了上海自贸区的一批金融创新性举措。2015年4月，上海自贸区正式扩区，增加了陆家嘴等三个片区，为金融与

自贸试验区的双向制度创新和功能强化延展了空间基础。2015年10月，上海"金改40条"在自贸区发布。2017年3月，《全面深化中国（上海）自由贸易试验区改革开放方案》出台。2019年8月，临港新片区挂牌，上海自贸区深化金融改革进入新阶段。2013年至今，上海自贸区在金融领域进行了多方面的创新探索，有力推动了上海国际金融中心建设迈入"快车道"，上海金融业的国际化水平也上了新台阶。与此相适应，上海国际金融中心、上海自贸区金融改革和浦东新区综合配套改革金融专项的"联动共生"应用模型，提供理论与应用的成果样本，上海建设全球有影响力的科创中心及科创金融的双城联动，2018年的长三角一体化发展中的产业与金融共同推进等研究都显现了重要价值。

一定要从特定阶段的若干重要节点的逻辑关联开始梳理上海国际金融中心的发展进程，只有科学融合宏观、中观、微观的战略，才能形成符合规律、卓有成效、和谐的结论。

3. 着眼国际排名，实现预期目标

上海要始终以国际视野聚焦国际金融的高度，并进行借鉴、比较，反映上海金融发展进程中的循序、赶超、奋进、争先，目标清晰，不忘初心，持续扬帆。

比较2006年以来的国际金融中心排名后可以发现，上海的排名已经实现了跨越式上升。2007年，在全球金融中心指数（CFCI）排名中，上海仅列第24名，而在2021年3月的排名中，上海已晋级第3名，仅次于纽约与伦敦，实现了预期的目标。

聚焦金融资源配置能力比较，上海应特别关注七个方面的国际比较与变化，以更加开阔的视野，走优、走宽上海金融发展之路。

一是金融业增加值。这是反映金融机构的营业盈余和劳动者报酬的指标。从世界范围看，一些外向型经济体的代表（如卢森堡、新加坡等），其金融业增加值占GDP比重为20%左右，2019年上海为13.7%，居于国际前列。

二是金融服务业贸易额。这是我国相对较弱的一个指标。

三是证券化率，指各类金融证券总市值与GDP总量的比指。

四是保险市场指标。以上海为例，2019年上海保费收入为1 720亿元,保险深度为4.5%。

五是期货市场指标。在全球衍生产品交易所场内衍生产品成交量排名中,上海期货交易所和中国金融期货交易所分别位列第10位和第28位。上海应提升资源配置能力并在国际定价权上有所作为,以在期权品种和金融衍生产品方面实现改进和超越。

六是外汇市场指标。从交易平台看,市场主导性交易平台是上海尚不具备的弱项,需要下大力气补缺。

七是利率市场指标。通常利率会直接影响资本的供给和配置效率。从全球范围来看,我国贷款利率水平在全球主要金融中心所在国家中处于较低水平,这也较好地促进了金融资源的有效配置。

上海金融目标的全面完成,是长期既定的基本任务。上海要努力扭转部分落后的状态,改变"低洼和平原"现象,努力巩固并登攀新的高度,实现全面提升。上海国际金融中心的发展进程,一定要对标国际金融的更高标准,按国际公认的量化体系予以衡量。正视金融对实体经济资源配置水平较低、金融开放程度不高、金融服务贸易能力不够等突出问题,在前述的七个方面高标准、严要求地实现可持续发展,为新发展阶段打造更加牢固的基础,走优、走宽上海国际金融中心建设的新征程。

4. 发挥决策咨询平台的作用,为理论创新提供支持

我们在真实反映、科学梳理每年上海金融发展的同时按照国家战略和上海部署进行了以决策咨询为基础的应用型系列研究。多年来形成了一批重在务实的原创研究并产生了应用型成果,已经形成的主要成果如下。

第一,优化金融在上海经济发展中的核心功能研究。这项研究起步于2011年,初期成果发布于2013年,是以上海"四个中心"建设及其相互关系和金融的作用、功能为内容,分别由上海"四个中心"建设系统内涵和金融作用、金融功能地位剖析、融合发展中的金融改革与开放等组成。该研究以作用机理,金融、航运、贸易的发展,四个中心的融合成长为基础,以统计规律及方法分析为手段,对1998—2008年的大量数据通过四项方法(构建结构向量自回归模型、格兰杰因果检验分析、脉冲响应函数分布、方差分解分析)进行逐一验证。研究得出以下基本结论:①上海金融在贸易、金融、航运、经济体系中居核心功能地位。②上海的发展是科技、产业、经济的融合发展。③金融与科技应齐头并进,共助产业成长,共推经济发展。

第二,深化建设与上海国际金融中心相匹配的会计生态系统研究。这项研究起步于2009年,初步成果陆续于2010年至2012年发布。该项研究从金融与会计发展的起始轨迹出发,形成以下基本结论与观点:①国际金融中心的建设路线和发展时期与会计中心转移和发展时期高度吻合。②正视国际金融与会计的发展规律,建设顶级国际金融中心的同时,也应加强相匹配的会计准则研究与制定。③构建与上海国际金融中心相匹配的会计生态系统,该系统应该成为上海国际金融中心建设延伸的重要组成部分。④辩证认识金融监管与会计准则的对立统一关系,是金融与会计协同共生、有效管控的基础原则。

第三,固化上海国际金融中心的反腐倡廉研究。这项研究起步于2010年,该项研究由"金融服务市场建设与预防腐败的基础理论与关系研究"和"构建上海制度加科技金融源头防腐体系"两部分组成。在系统调研、案例分析、制度建设中,该研究形成了基本的结论型观点:①金融领域预防腐败,需要市场、制度和技术基础同时发力,重视源头,重视机理。②上海金融的"制度加科技"源头防腐体系要突出科技手段,突出制度落实,保证衔接。③上海的金融源头防腐体系建设需要五个继续:深化体制改革、强化理论构建、细化集成合力、固化文化育人、开创新局面。上述研究成为上海新形势下红色金融文化的重塑元素,也为上海金融的防范风险提供了制度型建设的重要思路。

第四,细化构建上海国际金融中心、自贸区试验金融创新、浦东新区综合配套改革中金融事项的"联动共生"应用模型研究。这项研究起步于2013年,在推进上海自贸区建设过程中,该项研究以金融为主线,实行上海自贸区和浦东新区的"金融并联",并主要从案例着手、从应用着力,形成以下结论与观点:①多项国家战略中的金融事项存在逻辑关联、内容关联、实质关联,建设三者的"联动共生"应用模型是宏观经济规律的体现。②遵循经济社会协调与可持续发展规律,适时、适度规划三者的阶段建设行动有其理论构建、实践检验的价值。③"联动共生"模型要重视形态研究,重视机理研究与样本研究,形成可复制、可借鉴的经验和做法。④"联动共生"模型要着眼制度创新、着手功能延伸、着力产业拓展,通过实现螺旋循环和周而复始的实践,达到动力加速的初衷。

第五,推进长三角三维高质量模型下的经济保障集成系统的金融样本研究。这项研究起步于2018年。2020年应用研究形成了初步成果和系列观点:①构建了虚拟经济、实体经济、区域经济的三维长三角高质量推进模型,应用和服务于上海、江苏、浙江、安徽的协同创新发展。②创新以金融为核心的经济保障集成系统,探索金融、会计、统计、审计、法律、新技术、数字经济等十余项元素共同服务社会经济的集成协同。③明确金融在经济保障集成系统中的核心地位,提出金融应当为我国进入新发展阶段当好开路先锋。④应用研究选择了金融样本,剖析了上海农商银行服务长三角一体化的实践和策略。金融样本系统阐述了长三角区域金融发展的机遇,形成了基本的特色。该研究成果梳理了服务长三角一体化的有效策略,并在面向城镇化趋势、面向国际化方向、面向数字型金融、面向差异化竞争等方面提出了细化推进的建议。目前该项研究已进入评选经济保障排头兵的相应环节。

第六,强化上海金融核心功能区的政策建议研究。这项研究起步于2020年,是制定上海"十四五"金融规划的基础项目。该项研究从浦东新区陆家嘴金融城存在的不足出发,对金融国际化程度、软硬件发展环境、金融服务实体经济特别是中小科创企业等三方面的九个主要现象作了深入剖析,并辅以量化对比,通过各个环节、层面的交流与沟通,形成了强化核心功能区方向的系列建议。

一是将陆家嘴金融城作为上海国际金融中心核心功能区的"第一名片"。

二是高度重视金融配置资源功能的枢纽地位,将陆家嘴打造成为国内大循环的中心节点和国内国际双循环战略链接的更好典范。研究建议实施四个重点推进,即在金融市场创新和集聚上增强全球资源配置能力,上交所、上海期货交易所要提高市场国际化水平,提高重要大宗商品的国际影响力;支持外资金融机构在国内展业上形成突破;深化自贸区建设,大力发展离岸金融形成与临港新片区的有效联动。

三是打造市场化、法治化、国际化一流营商环境的标杆。上海应更加注重建立"亲""清"的政商关系,切实做好亲商、安商、稳商工作;更加注重深化法定机构改革,以机制创新吸引机构集聚;更加注重深化"办成一件事"理念,提高精准招商、稳商、安商的有效性;更加注重综合性人才服务中心的建设工作。

四是坚持将更好地服务实体经济发展作为工作中心。明确重视短板,整改,做好支持创业投资类企业发展工作,实现资本集聚与科技产业集聚联动;有效实施浦东新区的"双城齐振与融合"战略,实现精准对接,靶向发力,双向认领的"1+1>2"效应;做好补足保险中线建设的短板等。

上海国际金融中心的发展进程,既需要学习世界金融中心的成长经验,又需要从中国政治、经济的实际情况出发,同时还需要兼顾考量上海地域的风土人情、发展布局,根据上海金融发展进程中的特定时期,有步骤、有分工、有重点地进行全面、局部、单项和集成的应用型研究与政策设计,把握目标导向、需求导向和问题导向,从而推动上海国际金融中心建设迈上新台阶。

三、人才是上海金融"十四五"发展的"第一资源"

人才是上海金融的"第一资源"战略需落到实处,更要理念先行。在中国式现代化进程中,金融无疑是重要内容,如何真正体现人才的"第一资源"作用值得继续细化研究。

在上海国际金融中心的发展过程中,金融人才中心和创新高地建设一直被作为强市之基、转型之要、活力之源,并且上海从战略高度进行金融人才的顶层设计和系统规划。特别是陆家嘴金融核心功能区在培育"第一资源"方面,更加注重人才政策系统化、集成化的建设,金融人才集聚效应初步显现,金融人才发展环境进一步优化,为"十四五"发展金融人才资源奠定了基础。

境外金融中心城市围绕"金融人才"展开竞争,人才在金融中心城市发展过程中的重要性日趋提高,金融中心正逐渐由以资金为中心和以机构为中心,转变为以人的需求为中心。金融人才正成为数据和创新市场争夺的主要目标。

上海金融核心价值有必要从显性的人才资源布局向更深层次的人才资源环境延伸。上海金融"十四五"发展要注重"第一资源"——人才战略的系统集成。

加强国际金融中心城市建设,必须优化相应区域的金融人才生态环境建设,开拓金融人才环境持续向好的战略运行新局面。2024 年,上海浦东新区金融业人才发展出现三个值得关注的新特点:一是国内对金融业人才的需求不减反增。二是海外高端优秀人才不断集聚。三是金融业的数字化人才需求呈现井喷式增长。做好金融人才需求类型的梳理和顶层设计,注重设计相应类型人才发展的策源研究和策略规划,已经成为金融人才创新成长的重要突破口。上海金融核心价值有必要从显性的人才资源布局向更深层次的人才资源环境延伸。

1. 挖掘上海金融发展"第一资源"核心功能尤为关键

上海国际金融中心在发展过程中,一直将金融人才中心和创新高地建设作为强市之基、转型之要、活力之源,并且从战略高度进行金融人才的顶层设计和系统规划。特别是陆家嘴金融核心功能区在培育"第一资源"方面,更加注重人才政策系统化、集成化的建设;更加注重在人才引进方面进行全球性、引领性和创新性的探索;更加注重加强多类人才的分类施策和落地路径实践;更加注重核心区域人才发展综合性平台的系统集成;更加注重保障人才公共服务体系的科学完善。浦东新区金融人才集聚效应初步显现,金融人才发展环境进一步优化,为"十四五"规划发展金融人才资源奠定了基础:第一,金融机构从业人员呈现高学历、年轻化的特征。第二,业务类金融人才和金融科技类人才成为金融机构特别需要的人才类型。第三,一些高校联合推动的人才认证项目为满足不断增长的应用需求进行内容提升。第四,金融机构的人才培训模式从单一的内部培训向内外结合方向转型。上海金融在发展历程中,多层次人才系统建设方面的有效实践是科学提出和升华"人才是第一资源"理念不可或缺的基础条件。

2. 重视上海金融人才成长演变特点

2022 年 6 月至 7 月,问卷调研、系统访谈集中在陆家嘴区域金融人才发展需要重点解决的短板上。调研结果显示,浦东新区金融业人才发展有三个值得关注的新特点。

一是国内对金融业人才的需求不减反增。调查统计结果显示，大部分受访金融机构不会减少在上海的员工规模，仅有部分机构出现一些外地员工主动离职的现象。这部分员工离职后岗位空缺，金融机构开始对外招聘。同时，为了支持高校毕业生就业，银行、券商等金融机构根据自身的人员需求，制订了高校扩招计划，新增带薪实习岗位。

二是海外高端优秀人才不断集聚。外资金融机构在中国继续保持良好的发展势头。我国众多金融机构在集聚海外高端人才的同时，进一步细化了招聘岗位的具体要求。

三是金融业的数字化人才需求呈现井喷式增长。数字化转型已经成为金融机构应对外部环境不确定性的关键策略。2022年，金融数字化开发、数据算法等领域对相关的人才需求旺盛。以交通银行总行为例，其金融科技部门计划招聘近千人，重点招收电子信息类、计算机类、软件工程类、信息安全类、自动化类、数据分析和挖掘类，以及数理统计类专业背景的毕业生。同时，诸多金融机构还注重招收"金融科技在长尾客户财富管理中的应用研究"等研究岗位所需人才。如何做好金融人才需求类型的梳理和顶层设计，注重设计相应类型人才发展的策源研究和策略规划，已经成为金融人才创新成长的重要突破口。

3. 境外金融中心城市重视人才成长的基础经验与启示

人才是"第一资源"的论断，已经得到境内外多个金融中心的验证。境内外金融中心在各自独特的发展历程中，均形成了集聚金融人才的有效实例。

英国伦敦金融城通过设立技术移民渠道，吸引全世界高素质金融人才，并且制订了针对性的金融人才能力提升计划，通过培训、进修等方式，吸纳人才加盟金融城，形成了各类人才源源不断地流入金融城的"虹吸效应"，使金融中心在不同时期的发展与人才队伍始终保持良好的匹配性。

美国纽约借助双重优势双向发力，一是将纽约地区的顶级高等教育资源和高端科学研究资源作为人才积累的基础，形成集聚美国纽约金融人才的基本力量。二是面向全球，通过建立外国人才机制、技术移民、留学绿卡、外聘专家等多种渠道有针对性地吸纳各金融领域的急需人才，使纽约成为全球金融人才向往的"高地"。

中国香港地区的金融人才成长是建立在各类提升和培训的基础上。一是在现行的资历架构基础上,一方面鼓励在职金融人才自行确立研修目标和方向,并获取行业需要和认可的资历,另一方面明确了金融业各类型岗位级别所需标准与资历之间的衔接阶梯。二是在金融"人力杠杆模型"的量化规定上摸索出与衔接阶梯相配合的运行操作环节,避免了用人单位的主观性和随意性。这些举措既为在职金融人才提供了以资历架构为基础、自主规划职业生涯的路线图,又为金融人才提供了丰富多样的培训课程和多类别的考核标准,有效促进了金融人才群体性成长。

境内外金融中心城市围绕"金融人才"展开竞争,人才在金融中心城市发展的重要性日趋显著,金融中心正逐渐由以资金为中心、以机构为中心,转变为以人的需求为中心。金融人才正成为数据和创新市场争夺的主要目标,金融中心的较量归根结底是"人"的较量。

4. 优化金融人才生态环境

上海金融核心价值有必要从显性的人才资源布局向更深层次的人才资源环境延伸。上海"十四五"期间的金融发展要注重"第一资源"——人才战略的系统集成。

人才是"第一资源",境外金融中心城市人才的争夺较量固然需要从人才的经济待遇、技术移民规范、技能培育通道等显性的直接环节上着力,以体现其政策和策略的优势。但与此同时,还需要形成将人才作为"第一资源"的战略视野集成。研究显示,加强金融中心城市建设,必须优化相应区域的金融人才生态环境建设,开创金融人才环境持续向好的战略运行新局面。总之,金融人才生态环境是指金融业人才生存发展具有互动关系的社会自然因素的总和,通常由金融人才相关的外部环境和微观层面的内部条件组成。金融人才的生态环境一般指法律制度、行政管理体制、社会诚信状况、会计与审计准则、中介服务体系、企业发展状况、银企关系、人才社会保障与服务体系等。

从广义上说,我国已经确定了"十四五"期间金融人才生态环境的优化措施,体现在构建多元化发展的金融业、完善法律制度、执法力度加大、信用体系建设加快等方面;提升地区经济竞争实力、健全功能社会信用先行基础,凸显功能区金融市场建设,为金融人才提供日益向好的环境和条件。

针对优化金融人才生态环境,我们对调研、访谈的结果进行系统梳理并汇总后得到以下基本结论:应在上海金融核心功能区的发展基础上,巩固、完善、集成现有的资源,提升、健全、整合已有的技能和职业发展系统,形成包括运行前台、保障后台、策源高台、智库新台在内的系统性、综合性的人才集成保障体系,体现集聚人才的上海引进机制,体现人才政策对育才、成才、引才等人才全生命周期的支持,体现多管齐下的全方位人才服务保障体制,体现金融人才与政、产、学、研、监、介、用系统集成的合力效应,从而力争在"十四五"期间,基本形成上海金融人才的创新型生态环境系统。

陆家嘴核心功能区在围绕"三个第一"的学习中,努力做好新谋划,紧紧抓住人才这个"第一资源",认真从陆家嘴金融人才的实际情况出发,设计好陆家嘴金融引领人才的创新平台方案,走好"十四五"开路先锋的全新道路。

四、打开上海都市乡村产业的多维空间

上海的都市化乡村产业应该如何形成开阔、多维的立体空间,值得调查研究,研究得到以下成果模块。

1. 建言背景

中共二十大报告提出,全面推进乡村振兴,坚持农业农村优先发展。上海的乡村振兴自2018年的示范村建设以来,"以点带面"地进行了相应实践。

上海的乡村产业与我国其他省市相比,具有"业态灵活、科技先进、城乡融合、促进消费"等鲜明的都市化乡村产业特征。但由于投入大、产出小,凸显的上海地域特征不够,现有的示范村似乎缺乏可持续的产业带动。

都市化乡村产业应当是上海传统农业农村的升级版。对上海定位而言,传统农业农村是城市生活的一部分民生保障,而都市化乡村产业则是在保障"粮食供应"的基础上,充分利用国际大都市特征,创新农业功能,

提升农村价值,实现"市民入村、农业进城、城乡融合"的消费产业,是产业融合的新兴产业。

上海已成为我国开展国际消费中心城市培育的地区之一,将都市化乡村产业纳入上海国际消费中心城市建设的规划体系,力争"十四五"期间建设形成都市化的"海派农村产业",形成消费中心特色,是课题研究的基本目标。

2. 上海实施乡村振兴规划的现状

上海于2018年编制村庄规划,2020年启动行政村编制郊野单元村庄规划。

上海的乡村振兴示范村分为五类:第一类突出空间布局,整村实施集中居住,盘活建设用地;第二类为探索农业功能拓展,属于农统农区;第三类为实施现代服务业导入,位于近郊城镇周边,发展体育、文化、康养、办公等新产业;第四类主攻乡村旅游,打造全域观光、乡村景区;第五类是打造生态宜居乡村,保留江南风貌,提升品质。

在上述五类示范村中,现代服务业导入的示范村值得关注。有别于其他四类示范村,现代服务业导入具有都市化乡村特征,极大程度地改变了乡村原有的农业生产功能,提升了乡村的经济价值,属于现代都市化乡村产业,应给予更多关注。

上海的乡村是上海作为国际大都市的亮点和美丽上海的底色。"十四五"期间,上海的都市化乡村产业要在凸显农业农村的经济价值、生态价值、美学价值三个方面"下够功夫,上足水平"。

3. 凸显上海都市化乡村产业"四业融合"的特色布局及软实力

我们对上海乡村进行实地调研及理论研究后发现,发展都市化乡村产业能带动上海的消费。都市化乡村产业被定义为"能通过城乡差异形成消费需求的农村新兴产业"。上海拥有约2 500万人口,鉴于工业综合成本较高,上海的农村不适合大规模发展食品加工业或农产品深加工业,但上海可以发展以"一产"为主题、"三产"为外延的乡村产业,即"一产+三产"的四业融合农村产业,重点发展城乡融合发展的"乡村养老产业、乡村文创产业、乡村科创产业和乡村旅游产业",匹配上海国际大都市消费中心功能和融入国际化大都市商业体系。

第一，城乡统筹的乡村养老产业。乡村产业鼓励社会资本整合集体经济从事乡村旅游及养老等产业。上海的养老模式主要包括"机构养老、社区养老、居家养老"三类，机构养老由于用地指标少和建设成本高等因素无法实现社会化，同时养老床位紧张，存在"一床难求"的困境。城区和农村的房屋租金存在"剪刀差"，如中国建设银行上海分行（以下简称建行上海分行）已开始试行"存房养老"业务模式，并已经取得很好的进展。其业务模式如下：住在城区的老人将住房"存"到建行上海分行，建行上海分行一次性支付老人一年或若干年的租金，老人可以利用农村租金的差价到农村租房居住。农村居民将部分房屋出租给城区老人能获得出租房屋的资产性收益，还能通过提供卖菜服务等获得劳务收益。上海金山区待泾村已采用此种模式成功运营，值得进一步完善提升，为城乡统筹的乡村养老产业提供参考。

第二，城乡融合的乡村文创产业。衔接饮食、健康、环境和文化创意元素的场合和城乡进行融合应该成为上海都市化乡村产业的重要内容。"宅"是从物质层面和精神层面转型的有机提升。通常，"吃喝"是旅游休闲的居前消费元素，"上海乡村饮食"是上海饮食文化的重要组成部分。近年，市民们更注重健康，农家菜、农家乐等也需要升级转型，通过"文化创意"传播"有机、生态、健康"理念。

同样，上海五个新城建设也需要乡村文化创意产业的融合发展，构建"一城一业、五彩缤纷"的都市特色乡村产业，在新城周边建设以"乡村综合体"为载体的都市消费空间，形成"特色"的城乡格局。例如，青浦新城以"青浦茭白"为特色产业，可将茭白文化主题化，策划茭白的"人设"，设计茭白的文化符号，从而将茭白文化转化为"景观小品""生活用品""特色农产品""餐饮食品"和"旅游纪念品"等，创建以茭白为主题的各类"文创活动"，传递青浦水乡的"印象"，提升产品"调性"，促进新城居民城乡高频次消费。

第三，城乡一体的乡村科创产业。一般而言，农村相对城市市场距离较远，更需要科技创新加以助力。调研结论如下：上海农村需要资金、人才和科技，但更缺科技创新的想法与方案。在实现城乡一体的乡村科创产业的规划和发展过程中，技术提高生产力、都市型农业科技的绿色生态新空间、技术推动田园景观化,这是"十四五"期间上海乡村科创产业实现城乡一体的核心体现。

上海应实现技术提高生产力的阶段量化目标。在种子种源方面,需要集中力量研发特色农产品的高质、高产、高密度品种。例如,上海的水蜜桃、矮脚青菜等都需要优化品种研究。在种植技术方面,上海是平原地区,理应推动单品化、规模化、机耕化的种植技术,甚至可以利用卫星导航技术,实现无人耕作的现代农耕,以此初步形成上海地广人多、特色品种的三高(高质、高产、高密度)品牌。

上海应实现都市型农业科技的绿色生态新空间,让农业进城成为现实。针对城市低碳发展,凭借帮助现代化植物工厂,建造由植物形成的高层建筑生态墙、绿色办公空间、建筑屋顶的花园和菜园,以及完善家庭阳台种植技术等完成城乡一体的全面跨界;推广园艺盆景艺术、插花艺术的辐射延伸等,从而让市民享受到绿色乡村的生活。

上海应实现技术推动田园观景化的有序覆盖。上海应该对国内比较成熟的稻田画、油菜花画等技术实施全方位的有序覆盖;充分发挥上海市农业科学院等的科创优势。上海乡村科创产业实现跨越式发展,体现上海田园景观和旅游观光的吸引力,并带动了乡村民宿的发展。

上海承载着实施国家科技战略的使命,上海的农业科技也需要紧紧围绕国家战略,重点开展育种创新攻关工作。围绕重点农作物和畜禽,上海启动实施农业种源关键核心技术攻关,加快实施农业生物育种重大科技项目,有序推进生物育种产业化应用。

第四,城乡互动的乡村旅游产业。近年上海的郊区乡村旅游兴起,郊区的民宿产业发展迅速,同学聚会、公司年会等活动都开始往乡村聚集,乡村旅游正成为市民生活的重要组成部分。

除了以上产业,都市化乡村产业需要和城市经济一样,探索"新品种、新模式、新业态、新技术",乡村更需要"创新"。特色布局决定了上海城乡融合的软实力,应重视与优化乡村产业,精益求精,创新开拓。

4. 上海培育都市化乡村产业的建议

第一,细化人才分类施策,引导都市化乡村产业的策划、经营,管理人才下乡创业。上海的农村不仅需要技术人才、种植人才,而且需要农业农村现代化人才。上海都市化乡村产业化人才可分为三类,一是策划人才,上海需要多专业、多学科的乡村产业综合人才,以指导乡村产业发展方向。二是经营型人才,即有创新力、爱农业、懂技术、善经营的人才,以经营乡村地域经济发展为方向。三是项目管理人才,以从事农业项目经营为方向。都市化乡村产业人才需要与传统农民区分开来,他们是新兴乡村产业的主体,强调区域经济的带动能力。我们建议根据三类人才的特点,分门别类地细化人才,多类人才发挥才智以实现"策划出新、经营创新、管理更优"的预期目标。

第二,强化产业发展政策,填补引领"乡村创业与消费"融合的政策空白。都市化乡村产业不属于农业农村传统产业链,更需要"创新政策"助推。我们建议优化产业发展政策,消除政策低谷和空白。

一是建议成立上海都市化乡村产业创新基金,针对乡村产业创新的项目给予投融资方面的支持。

二是鼓励举办乡村产业创新大赛,鼓励五大新城和机关区域创立"乡村产业创新中心",形成都市化乡村产业的发现机制和培育机制,深化探索路径。

三是依托上海农村商业银行,制定上海都市化农业的服务模式,解决都市化农业"最后一公里"的问题。

第三,深化落实中央经济工作会议、上海市委经济工作会议精神,稳住2022年经济基本盘,实行上海乡村产业的阶段针对性举措。

乡村振兴是上海人民普遍关心的问题,都市化乡村产业是上海为了"供给侧改革、稳住经济基本盘、实现共同富裕"而培育的新的增长点,建议上海实施以下针对性举措。

一是鼓励机关事业单位人员保留身份与待遇,到农村进行创业或工作。上海的乡村也存在"空心化、老龄化、碎片化"的问题,上海的机关事业单位拥有大量的人才,也不乏人脉资源和创造力,可鼓励人才下乡(或尝试2~3年的挂职)。

二是鼓励国有企业(以下简称国企)与各区镇合作开发,有序推进镇域统筹的农村集中居住及乡村片区综合开发。上海的各镇财政有限,而国企有财力、有人才、有市场化的机制,农村集中居住后,大量土地的综合利用需要社会的参与,建立"国企＋政府＋民企"的合作机制很有必要,国企作为镇域统筹片区开发的主体,民企作为片区产业运营的主体,镇级党委政府作为社会服务的主体。

三是鼓励乡村集体经济抱团发展,推动"产业抱团"建设项目,有序引导经济薄弱村与有经济发展基础的集体经济抱团合作,共同建设有发展前景的产业项目,由市财政统筹实施。

四是成立以市领导为组长,各部门负责人为组员的"都市化乡村产业"领导小组,建立定期会议机制和专报通道,为都市化乡村产业的发展提供组织保障,总结经验与模式,为国家贡献可落地的案例和实践经验。

2023年：金融、科技和区域经济

一、与国际金融专家的交流

2023年6月8日，应中欧陆家嘴国际金融研究院邀请，继2018年上海陆家嘴论坛期间，在"上海金融大讲堂"与国际金融中心指数创立者英国的马克先生进行对话的5年后，我与马克先生的继任者英国Z/YEN集团首席执行官再次在同一场地进行了关于"金融中心的可持续发展与未来的竞争与合作"的高端对话。

1. 时过境迁，上海金融发生了深刻变化

2018年与英国Z/YEN集团的马克先生交流的过程中，我曾表达了对上海国际金融中心将在2020年基本建成的信心，从四方面诠释了上海国际金融中心的高度、宽度和幅度，并用数据、结论加以佐证。2020年，上海金融发展的阶段目标已如期实现，在中国式现代化的新征程上，上海的金融责任有了与时代适配的拓展，也受到了全球金融界的瞩目，步伐豪迈和坚定。

2. 风云际会，全球金融经历着动荡演变

国际地缘危机后全球金融市场保持稳定，可持续发展成为全球经济金融秩序完善的核心议题，国际金融中心建设成为全球金融的指导力、领导力的重要方向。加强金融安全、金融文化、人才教育与培养愈发重要，针对上述信息，对话内容取得共识，全球金融秩序需要重构与发展。

3. 重视中国式现代化下的中国金融特征

中国共产党第二十次全国代表大会提出了国家第二个百年的奋斗目标，实现中国式现代化上海责无旁贷。在交流中，我论述了上海金融现代化的特色构成，要将政治性、人民性、国际性、安全性和服务性等作为国际金融中心建设的上海阶段特征加以研究、规划和推进,期待国际同行能更多地来现场交流,促进中外金融实践应用可持续演进。

4. 上海国际金融中心建设得到优化、完善

对话的内容涉及上海国际金融中心的可持续发展,双方认同上海金融这些年的系统进步,上海金融市场体系进一步得到完善,机构集聚度进一步得到提高,基础设施和服务能力不断得到完善,开放的广度和深度拓展显著,上海基本建成了"与我国经济实力以及人民币国际地位相适应的国际金融中心",更好地以开放的全球视角,以服务实体经济、科技创新和现代产业体系为目标,升华上海金融服务本色。上海进一步提升人才作为第一资源的潜能,构建"科创板"为龙头的先进制造业投融资体系,探索"普惠金融顾问制度服务创新",强化陆家嘴金融城核心功能能级提升,推进上海临港新兴金融湾建设,维护可持续发展的大好局面,推进上海国际金融中心向更高能级前行。

二、调研、聚焦、推进,夯实决策咨询基石

2023年,团队着手对民营经济在实体经济中的案例进行评析,并对区域经济下集成经济、循环经济、生态经济的定位和作用,区域经济之间的合作和互补研究,金融赋能科技创新的上海思考等内容展开了开放式调研活动,收获颇多,体现在以下方面。

1. 对"东方希望集团"的"六谷丰登循环经济产业园"的新疆基地进行了实地调研

第一,民营经济深耕实体经济的典型值得宣传、推广。民营经济可以成为中国实体经济的重要力量。

第二,建设多种产业相互联系、支撑的循环经济链的规律、途径值得科学梳理,国家出台推动循环经济相关产业联动发展的举措、政策已迫在眉睫。

第三,加强金融赋能循环经济及其产业链的推进融合也已箭在弦上,蓄势待发。

第四,科技创新将成为实体经济的新动能,善于科技创新的民营经济应领先一步。

2. 对我国不同区域经济合作与互补形成基本共识

第一,中国式现代化需要坚持区域经济共同发展的理念,各相应区域必须从自身实际出发,因地制宜,扬己所长,发展特色,形成我国若干"区域经济"共存的态势。

第二,特定的区域应将"绿水青山""历史遗传"等财富作为"生态经济"基础特征加以规划拓展,按"精耕细作"建设"国家5A级景区"和"消费养生集聚地",提升已有能级。

第三,特定的区域应主动将自身的丰富矿藏资源作为与我国经济发达区域合作开发"互补互融"产业群的始、终端,推进国家"区域经济"合作。

第四,区域经济之间的合作要注重金融业的全程参与、突出金融赋能区域经济的使命担当,实现区域经济、集成经济、金融职能的三合一。

三、中国式现代化中的金融现代化——上海国际金融中心建设的时代使命

金融现代化对于一个国家或地区的经济发展和金融稳定至关重要,不仅有助于提高金融资源配置效率、扩大金融服务的普惠性,而且有助于推动经济增长。西方国家的金融现代化起步较早,在金融现代化进程中由于过度金融化,引发了频繁的债务危机和金融危机,造成了巨大的贫富差距,损害了民众的社会福利。

对我国来说,中国式金融现代化肩负"服务实体经济、防控金融风险和深化金融改革"三大任务,一方面要构建更为开放的金融体制、更为高效的金融市场、更为专业的金融机构和更具活力的金融创新,不断推进金融体系与国际接轨。另一方面又要避免过度金融化等问题,以免引发债务危机,危害金融安全。因此,中国式金融现代化既强调金融的专业性、服务性,又强调金融的政治性、人民性,为全球金融健康发展贡献中国智慧。

中共二十大擘画了以中国式现代化全面推进中华民族伟大复兴的宏伟蓝图。如何高举中国式现代化的旗帜,更好地发挥上海国际金融中心在中国式现代化进程中的作用,已成为上海国际金融中心建设的时代命题。

1. 推动金融高水平开放,引领对外开放新格局

上海应发挥"第一视窗"开放功能,推动我国金融融入全球金融体系。上海要对标全球最高标准、最好水平,不断提升金融服务、金融市场和金融制度领域的对外开放水平,推动规则、规制、管理和标准等领域进一步与国际接轨,更好地推进国内和国际金融市场制度的兼容互动,更多地参与国际金融市场规则和标准的制定,推动我国金融深入全球金融体系,以金融开放引领对外开放新格局。

上海应拓展上海自贸区金融开放政策,推动成功举措复制推广。上海自贸区的金融开放将对标国际金融通行规则,推动跨境资金自由流动,创新跨境金融管理制度,深化建设"科创金融"试验区,积极推动跨境金融、离岸金融、绿色金融、供应链金融等新兴金融业态,扩大跨境贸易投资,高水平开放外汇管理改革试点,为全面深化改革、推动高水平对外开放积累经验,为国家乃至全球金融发展贡献智慧与力量。

2. 增强服务实体经济能力,助力构建现代产业体系

上海应积极构建现代金融与实体经济相互促进的良性循环。上海国际金融中心应准确把握全面建成社会主义现代化强国"两步走"的战略安排,自觉把服务实体经济放在首要位置,积极引领金融供给侧结构性改革,充分发挥优化资源配置的作用,重点完善创新经济金融支持体系,积极构建金融有效支持实体经济的长效机制,提升金融服务实体经济的质量与效率,努力为实体经济发展提供更高质量、更有效率的金融服务,实现现代金融与实体经济相互促进、相互支撑的良性循环。

上海应努力探索金融支持国际大都市构建现代产业体系的可行路径。上海作为中国近代工业的发源地之一,要继承优良传统,充分发挥金融服务在现代产业中的推动作用,加快建设实体经济、科技创新、现代金融协同发展的产业体系,依托长三角一体化国家战略,发挥长三角腹地金融业发达、产业体系完备、市场规模大等综合优势,率先构建以上海为核心的现代产业体系,打造中国式现代化的"长三角样本"。

3. 大力集聚金融人才,激发上海金融"第一资源"潜能

上海应挖掘上海金融发展"第一资源"的核心功能。从战略高度进行金融人才的顶层设计和系统规划,在培育"第一资源"方面,上海应更加注重人才政策系统化、集成化的建设;更加注重在人才引进方面进行全球性、引领性和创新性的探索;更加注重加强多类人才的分类施策和落地路径实践;更加注重核心区域人才发展综合性平台的系统集成,秉持"人才是第一资源"理念,在多层次人才系统建设方面进行有效探索,为"十四五"金融发展奠定了人才基础。

上海应优化金融"第一资源"集聚发展的生态环境。与境外金融中心的人才争夺需要从人才的经济待遇、技术移民规范、技能培育通道等显性环节上着力,上海更加需要形成以人才为"第一资源"的战略视野,优化相应区域的金融人才生态环境,在上海金融核心功能区的发展基础上,巩固、完善、集成现有的有效做法,提升、健全、整合已有的技能和职业发展系统,展现人才集聚的上海引进机制,形成引才、育才、成才等人才全生命周期的支持体系,力争在"十四五"期间,基本形成上海金融人才的创新型生态环境系统。

四、区域经济高质量发展——长三角一体化国家战略推进五年的四点认识

2018年11月5日,长江三角洲区域一体化发展上升为国家战略。

1. 经济一体化应该成为推动区域经济高质量发展的重要突破口

长三角经济一体化是中国经济"宏观持续长跑"的缩影和视窗,相关循序推进的系统量化数据证明了长三角经济的韧性和实力。

中共十九大按下了长三角一体化的快进键,五年间,长三角一体化示范区一马当先,三省一市协同系统向前,合力效应显现,经济分工更加合理,资源更加凝聚,体现出日益明显的前沿和引领优势。

在区域经济发展中,金融协同与风险防范成为重要环节,受上海国际金融中心的辐射,支持和防范风险成为核心内容的重要方面,政治性、人民性、国际性、安全性认识需要深化,而上海已经走出了整体系统的步伐。

三维推进模型及其样本进一步在实践中得到完善。以科创引领的长三角一体化的产业集群成长维,推动了高质量的集成发展;以金融为核心的长三角一体化的经济保障维,护航了高质量的系统成长;以规划研发为重心的长三角一体化研用维,开辟了高质量的创新境界;以张江生物医药产

业、上海农商银行的金融经济服务实践、浙江清华长三角研究院实践为一期样本的应用系统,为区域经济一体化的高质量发展提供了鲜活的示例。

集聚经济,跨越提升,上海将再一次吹响高质量发展的号角,长三角一体化任重道远。

2. 区域经济一体化要结合生态和经济特色,扩大错位、协同、链接的态势

我们要对长三角经济一体化发展的循环经济、集成经济、实体经济、民营经济等方面的现状及优化路径进行调查研究;要进一步深入研究金融业的科技金融、绿色金融、普惠金融、养老金融、数字金融五个方面匹配服务的顶层设计,形成基础梳理的明细"施工图"。

我们要将研究重心进一步下沉,对长三角区域省市的地域经济优势与特色进行进一步梳理、比较,为长三角经济一体化的精准错位和系统协同提供完整的决策依据。

对于长三角中观区域经济发展的研究,我们更需要以宏观视野将长三角区域经济与国家层面各区域经济之间进行比较,从而确定特色互补和联融的项目应用。我们应特别关注不同区域经济之间的资源流通,重视实体经济与保障经济的双向融合,为实现金融强国进行全新、由浅入深的探索。

3. 区域经济一体化要诠释经济水系,展现地域特色

我们设想的长三角一体化经济水系的表述如下:"海"由国际经济、中国经济组成,"海"是长三角区域经济发展的依托和背景。"江"由经济产业链、经济元素链和科技创新链组成。"江"是区域经济所属地域间的链接,构建了区域经济间的联系,实体经济、保障经济和科技创新经济共同形成三维平行新型通道。"河"代表长三角区域的重要省市。每个省(市)都有代表自己经济特色、生态的江河,它贯通全省(市),具有独特的魅力,如大运河、淮河、黄浦江等,同时它也是链接长三角区域的生态脉络。"湖"的作用和地位在长三角区域的"经济水系"中十分独特,它是长三角一体化的"中枢"和"基石",即长三角一体化的基础组成,也是长三角经济一体化优化特色的核心。"泊"是地级经济的"枢纽",是挖掘、发挥人民潜能的关键。

4. 构建更好地支持科技创新的服务体系,加快"区域经济创新共同体"的建设步伐

长三角区域应当为中国式现代化提供科技创新、创新实践建设的范例,长三角区域应做好经济发展、科技创新的开路先锋。长三角区域应创建"科技创新共同体",这是长三角区域经济一体化的重要行动,也是对五年推进的传承。

五、直面金融服务科技创新

1. 直面科技创新与金融的双向奔赴,立足"新视野、新进程、新展望、新攻坚"

中国式现代化金融根植于中国特色社会主义经济,除了专业性和服务性等共性,以金融的政治性和人民性为根本。第一,中国式现代化是上海国际金融中心未来发展的核心内涵。上海国际金融中心要发挥开放功能,引领、推动我国经济快速发展。第二,金融现代化的国际共性特征值得系统体现,如市场化、自由化,以及金融创新和产品的多样化,通过云计算、大数据等新技术来提高金融机构的运营效率和客户体验等。第三,金融现代化的中国个性需要突出体现。我们要探索一条符合中国国情的金融现代化发展道路,如人民性方面如何保障广大民众财产安全增值等。

在上海国际金融中心未来发展进程中,上海应围绕"金融赋能科技创新"并率先推出下面三方面。一是聚焦于优化内循环和外循环这两个循环的互动互融,既要提升全球金融资源能级的配置,又要增强上海国际金融中心对国内区域经济的引领作用。二是聚焦于细化两翼驱动的运行服务体系。两翼是指服务实体经济和科技创新的体系建设。三是聚焦于强化上海金融框架的科学性。上海金融的"四梁八柱"中的四梁是指"政治性、人民性、国际性、安全性",八柱是指"人才、科技、产业、资管、服务、制度、协同、绿色"。"四梁八柱"应在坚守和创新、开放和安全中找到平衡点。

围绕金融赋能科技创新,上海应着重打造科技创新共同体,加大应用推进。长三角区域仍处于科技创新一体化发展的初级阶段,我们要认识到长三角区域的两个重要价值,它既是我国经济高质量发展的战略组成部分,又是中国式现代化的一个金融创新试验区。长三角区域要按照国际科技创新一体化的经验来抓牢"金融协同赋能"这一关键,2020年长三角科技创新一体化存在"产业联动"与"环境支撑"两个短板,其中松江G60科创走廊的金融协同赋能功能至关重要。长三角科技创新一体化水平的提升要"五管并举",包括消除创新要素自由流动的政策壁垒,打造具有国际竞争力的产业链集群,更好地发挥G60科创走廊的涵养创新生态,探索多元、立体的科技创新金融支持体系,引入专业高效的科技创新中介服务体系。

2. 深刻认识中国式现代化的发展方向,提升金融服务本色

上海在完成基本建成国际金融中心的历史任务后,肩负着时代责任,即如何在中国式现代化的金融建设中,面向国际、国内两个循环的融合,当好先行者和排头兵。金融赋能科技创新已成为上海金融突破的核心环节。上海金融作为新型智库的区域经济应用枢纽,应完善以下方面:中国金融特色的基础认识(政治性、人民性、国际性、安全性、服务性);金融赋能科技创新发展中的海派服务与融合功能;金融在区域经济比较与合作中的重点应用服务与流通功能。未来上海还会面对持续不断的挑战,我们只有深入一线、深入调研、对接需求、对接服务,才有可能交上一份好的答卷。

六、在中国式现代化背景下,上海金融要实现专项突破

中共二十大吹响了以中国式现代化全面推进中华民族伟大复兴的冲锋号,专项突破是新形势下上海国际金融中心的时代使命和战略方向。

专项突破要实现中国式现代化与上海新发展价值的紧密融合,明确系统集结、优化重点、理顺逻辑、阐述机理,明晰发展推进链的项目研究,突出金融发展的重要导向。

一是拥抱开放世界的上海责任。专项突破要加快启动研究中国式现代化中的金融体制,对金融市场、金融机构的上海特色进行梳理,为全球金融贡献中国智慧;要进一步提升上海作为中国金融"第一视窗"的开放度,进一步完善上海自贸区临港新片区的金融开放政策,并形成具体举措。

二是服务实体经济,健全现代化产业体系的上海特色体系。中国式现代化下的上海国际大都市,应该以做构建国家现代化经济体系排头兵为目标,在构建现代产业体系的进程中,通过体现分配效率、深化流通高效市场、提升公共服务基础优势、辐射长三角科技资源等服务实体经济。上海要制订实体经济产业结构和区域经济的联动发展规划,形成以龙头链为主、上下游整合一条龙的区域产业链,形成先进制造业区域的政策支持体系,体现良性互动。上海构建现代化产业体系与国内大循环衔接联动的规划,特别是能源业、先进制造业、新兴产业、数智产业,突出协同、稳定、多元的科学分工,使上海成为国内大循环的中心节点。上海金融业成为引领经济保障、集成保障系统建设的核心元素,在会计、审计、统计、财政、税收、营商环境、法制、文化、金融等各项保障元素的系统集成中发挥"中枢协调"职能,打造规范的系统。

三是深耕人才,推进发挥上海金融人才是第一资源的潜能。专项突破要进一步注重上海金融发展"人才第一资源"核心功能经验的辐射推广,重视上海金融人才成长演变特点,对重要的资源进行充分研究;从上海现有的金融人才生态环境出发,形成面向中国式现代化,更加开阔的"人才第一资源"的战略视野集成。

专项突破:调研为基,攻坚为要,破解为重,系统集成实现目标。针对上海金融中国式现代化下的专项突破,我提出基础在调研、功力在突破、成效在破解的"三合一"操作法,如陆家嘴金融引领人才创新发展平台、融资租赁流转平台、发行地方政府境外绿色债和征信公司政策建议等,我认为应将调研、建议和应用实践结合起来,形成专项实效的可用路径。

2024年：金融、区域经济和新质生产力

一、加快"长三角科技创新共同体"建设的上海思考

1. 打造"长三角科技创新共同体"，需要科学设计、方案优化

一是上海要充分认识长三角科技创新一体化所处的"初级阶段"性质。依据《2022长三角区域协同创新指数》指标数据，在五项一级指标中，成果共用、资源共享和创新合作等三个一级指标增幅较大，表明长三角科技创新共同体建设有了比较好的基础。但是，短板也比较突出，产业联动和环境支撑两个一级指标增速缓慢，即跨区域协同创新的产业集群尚不成熟，支撑科技创新一体化发展的配套环境仍不完善，依此可以得出以下基本的判断：长三角仍然处于科技创新一体化的初级阶段。

二是上海要充分借鉴世界主要科技创新中心一体化发展的有益启示。学习、借鉴世界主要科技创新中心一体化发展的系列经验是长三角科技创新共同体建设的基础工作之一。这些启示主要体现在以下方面：首先，区域一体化是科技创新一体化的基础。如通过科技创新的跨区域发展，实现更高质量的区域一体化，并消除或减弱要素跨区域流动的壁垒，使科技创新一体化成为区域一体化高质量发展的重要动力。其次，产业一体化是科技创新一体化的根本。如美国各核心城市内的产业链、科技创新要素创新链、多元互补的产业结构提升了产业一体化水平。因此，通过科研—研发—量产—市场等全生命周期的科技创新活动一体化布局，区域内各方结合自身优势形成互补的产业集群，集群内部通过产品、知识、技术等要素的互动，推进产业链、创新链的深度融合。再次，将科创走廊作为科技创新一体化的有效载体，如美国的加州101公路、英国的M4公路等。通过交通要道串联起多个科创节点城市，加上科创资源自身

的空间集聚和地理黏性特征,越来越多的人才、信息、技术、资源等创新要素在公路沿线流动、配置和集聚,从而推动了新兴产业集群、高端人才资源、科技创新要素高度集聚、发展和汇集,形成了科创走廊区域。这样的科技创新新趋势,配置了全球科创资源,催生了前沿科技和创新模式,其"走廊"优势也成为推动区域创新一体化的重要载体和"科技创新"的核心爆点。同时,金融协同赋能是科技创新一体化的关键。如美国发达的多层次资本市场保障了科创中心创新、创业过程的持续推进,丰富的创业投资基金不受行政区域、区划的影响,为不同发展阶段和风险水平的科创企业提供了个性化的金融支持。金融赋能科技创新,起到了以下作用:一是加速优势金融资源与科创企业跨区域精准匹配。二是带动产业集群壮大,推动了科技创新跨区域一体化。最后,科技中介服务体系成为科技创新一体化的催化剂。创新主体并不需要掌握复杂的专业技能,在面对更具创新的需要时,只要到市场上购买专业服务即可。服务整合整体大幅提升了科技创新和转化效率。可见,科技中介的专业服务,更靠近科技创新链后端,形成了更先进的研发中心、中小科创企业,更丰富的科技创新活动和融入市场端需求的服务特色。

三是上海要加快实现"长三角科技创新共同体"建设的推进阶段目标。在长三角一体化国家战略的高质量发展过程中,上海承担了重要的责任。2023年,研究团队研究了建设"长三角科技创新共同体"的具体方向,提出了具体推进的突破内容。上海是国家确定的建设科技创新中心和金融中心的国家战略所在地,也是长三角"科创走廊"的策源中心和枢纽中心,理应在加快长三角科技创新共同体建设中走在前头,努力实践先行者的责任。为此,我们提出了上海行动的五个方向型阶段目标,以便率先提升长三角科技创新一体化的水平。

上海要在消除创新要素自由流动的政策壁垒方面下细功夫。如何从根本上消除不同地区间科技创新合作的政策壁垒,建立要素合理流动的政策环境,促进区域创新要素的高效配置,值得我们思考。如何创新科技要素使用机制,大力推行人才柔性引进、项目制合作等要素配置等方式,强化"不求所有,突出作用"的创新要素投入理念,摒弃以往无序竞争的做法,探索区域统一的创新要素配置枢纽,引导科技创新要素能自由流动的态势,同样值得我们深入思考。

上海要在打造具有国际竞争力的产业链集群方面下准功夫。长三角区域的三省一市,是互补优势鲜明的产业区域,上海的科技教育、江苏的实体经济、浙江的市场活力、安徽的新技术后发优势都各具特点。如何按照《长三角科技创新共同体联合攻关合作机制》的要求,结合各省(市)的相应优势,共同梳理长三角区域科技的新型链条,以及聚焦制约国家重点产业发展的关键领域,联合发布需求"榜单"共同培育科技创新"核心爆点",都值得我们思考。如何提升区域科技企业的整体创新引领能力,尝试以市场化的方式联动产业上下游,跨区域组建新联合体,加强产业链协同、体现企业运营效率,并带动创新成果转化,增强产业链、供应链自主可控能力,打造面向国际竞争力的产业链集群,更值得我们加强研究。

上海要在更好地发挥G60科创走廊的创新生态涵养功能方面下真功夫。长三角的G60科创走廊自建设以来,其影响力、凝聚力、竞争力有了长足进展,从源起上海松江联通苏杭,再到长三角城市共建,在充分借鉴全球知名科创走廊的经验基础上,从长三角区域的实际出发,科创走廊取得了中国特色模式的初始成效。健全跨区域统筹协调机制,在央地联动、区域协同层面完善统筹协调,务实完善。上海应加快推动从中国制造迈向中国创造的转型,成为中国式"新质生产力"先行区,建立产业链、供应链协调联动机制,做深、做实产业联动体系,强化头部企业的引领带动作用,创设跨区域产业协同创新中心,建设世界级产业集群,夯实基础,量化落实。加快建设科技和制度创新双轮驱动的试验环境,实施关键技术联合攻关机制,构建科技成果转移、转化机制,建立创新主题培育扶持机制,并进行精细设计。为了实现G60科创走廊的创新生态涵养功能的高质量发展,上海需要强化高水平金融服务供给,建设高精尖人才集聚地,形成涵养更优的环境,推动高端要素在G60科创走廊汇集。

上海要在探索多元立体的科技创新金融支持体系方面下深功夫。未来,上海应将建设金融赋能科技创新的金融服务体系作为上海金融中心、科创中心融合推进的重点工作,对如何健全多元主体参与科创共同体建设的资金投入机制、引导风险投资基金向硬核科创企业流动等形成规范。对于如何通过试验机制"松绑",以及通过"激励政策"如何释放创新活力和潜能,更应开辟创新路径,先行先试。

上海要在引入专业高效的科技创新中介服务体系方面下新功夫。长三角区域目前的科技创新中介主要还是政府主导下成立的非营利机构,与国际上成熟的模式相比较,长三角区域的科技创新中介在专业化程度、服务水平方面存在不足。上海应加快落实并大力发展科技金融服务、人力资源服务、技术转移和转化服务等专业化机构,学习国内成功经验,打通政府、企业、科研机构、金融机构等主体间的生态通道,全力打造有G60特色的"源头催化,中途助力,终端落地"的全生命周期科技创新服务模式。

2. 上海"推进长三角科技创新共同体"建设聚焦重点的若干思考

一体化示范区要努力成为一种"创新场"和"孵化器",在一体化制度创新、技术创新和各主体协同、创新方面持续用力,着力打造孵化新技术。成为新产品、新模式的平台,当好长三角一体化的先手棋和突破口,这是长三角科技创新一体化面对的更高要求,上海推进"长三角科技创新共同体"建设将走上快车道。

第一,上海应学深悟透新发展理念,学好"新质生产力"理论,推动G60科创走廊成为长三角一体化发展、科技创新发展的国家战略先行区和示范区。

2016年5月,上海松江提出了构建"党建引领、对标一流、双轮驱动、开放共享"的G60科创走廊,成为上海建设具有全球影响力科技创新中心的重要承载区。2019年5月,《长三角洲区域一体化发展规划纲要》通过,该文件明确,依托交通大通道,长三角区域以市场化、法制化方式加强合作,持续有序推进G60科创走廊建设,打造科技和制度创新双轮驱动,产业和城市一体化发展的先行先试走廊。2019年6月,中央明确由科技部牵头推进长三角科创走廊建设工作。

学深悟透新发展理念是G60科创走廊发展的基础环节和理论基石。中国式现代化的发展理念贯穿G60战略。长三角G60既是中国制造迈向中国创造的先进走廊,也是科技和制度创新双轮驱动的先试走廊,更是产域融合发展的先行走廊,战略将G60放在了长三角区域一体化发展的引擎地位,证明了新发展理念的伟大力量具有核心价值。

2023年9月,"新质生产力"的全新论述成为中国式现代化事业的重要指导理论。该理论代表着时代发展的生产力趋势与社会发展生产力的跃迁,"新质生产力"是科技创新在其中发挥主导作用的生产力;是摆脱了传统增长路径,符合高效能、高质量发展的生产力;是数字时代更具融合性、更体现新内涵的生产力。中国经济未来发展的根基在实体经济,关键在科技创新,方向是产业升级。"新质生产力"理论对长三角G60的实践至关重要,需要全力加强学习。

上海应将加快长三角G60科创走廊——上海枢纽的特色建设作为长三角一体化高质量发展、科技创新引领发展的重要攻坚战役,为长三角科技创新共同体建设构筑起具有国际影响力的"科创经典走廊"和国家科技创新"新质生产力"策源先行区的"桥头堡"。上海要在已有的积累基础上深化"科创+产业+进入+人才+试验"的新一轮联动发展,花2～3年时间进行先行和示范的系统梳理,实现既定的具体目标。

第二,上海应贯彻领会中央金融工作会议精神,加快建设中国特色现代金融体系,探索金融、科技创新的双向赋能,布局上海金融服务体系,着力在"长三角科技创新共同体"运行中培育金融生态和联动系统,为中国特色现代金融服务提供完整的科技金融样本。

2023年10月,中央金融工作会议作出了加快建设中国特色现代金融体系和满足经济社会发展和人民群众日益增长的金融需求的金融强国的部署。

实践证明,金融是实体经济的血脉,为实体经济服务是金融的义务和根本宗旨。同样,金融更是科技创新的臂膀,为科技创新助力更是金融的目标。面对全球经济增速放缓,中国经济恢复"波浪式发展、曲折式前进",金融如何为经济提供帮助与支持,以及科技创新如何回馈金融联动的"新质生产力",从而促进整个社会生产力的创新发展,应该是点上试验、局部检验的关键。

G60科创走廊的相应部门与浙、苏、皖三省协同,针对九个节点城市相应园区的不同行业、不同成长阶段的科创企业,进行了多元化的金融服务需求的摸排,在匹配金融服务资源,对接产融活动,评估产融对接成效,加快科研成果项目化、市场化,推动高水平自主科技项目五个主要方面进行量化梳理和谋划。初步建立债权、股权、基金、上市等板块联动的综合金融服务体系框架,形成涵盖政策、园区、平台、基金、基地、联盟、活动的特点,较好地完成攻坚的战术串联与筹备。

根据已有的探索结果,"长三角科技创新共同体"建设应加大优质金融对朝阳成长型科创企业(主体)的赋能数量和质量,基本消除"融资难、融资贵、金融供给失配和银企信息不对称"的瓶颈性现象,强化形成金融活水的"灌溉"效应。对G60积聚的大部分科创型主体的"高人力成本、高研发投入、轻资产"等现象予以解困。在有关金融支持政策的范围内,加大三方面工作力度。一是拓宽直接融资渠道,形成专属科技金融产品矩阵,确定量化阶段目标。二是深化园区评估建设,形成产融结合运行高地,通过示范园区评定、对接授牌等机制,带动产融结合提升效能。三是加强资源互通共享,形成信息对称条件,提升企业、金融机构和授信融资金额数量。

同时,"长三角科技创新共同体"建设应加快政策条款的聚集、组合研究,形成量、质变化的"引擎"效应。长三角区域要牢牢抓住科技成果转化这个核心,真正体现科学技术是第一生产力,深刻领会"新质生产力"的现实价值。2022年,在中华人民共和国科学技术部指导下,长三角G60科技成果转化基金设立,该基金将帮助科技企业完成产业化向商业化的"跨越"。在现有的条件下,"长三角科技创新共同体"建设可以加快以下三方面的工作深度。一是取消基金跨区域出资限制,形成合力撬动社会资本的有效规则。在已有项目储备基础上,选择好科技与金融融合的示范案例,引导共同体的协同创新。二是紧扣"硬科技"投资属性,形成科技创新成果转化。在长三角已有的联合投资、产业转移等搭建平台上,促进三化(市场化、立体化、多元化)科创成果投融资体系的有效转化。三是打造产业集群网,形成金融供给一体化格局。促进城市在基金之间、基金与银行之间、基金与融资租赁之间、基金与供应链产业链合作之间、企业融资和综合赋能通道之间显现金融、科创共同体、产业集群的一体化形态,凸显长三角城市互补的区域经济规模独有格局。

与此并列推进的是,"长三角科技创新共同体"建设应加速平台、载体的科学运行,优化形成多层次资本的动脉流通效应。要紧紧抓住上海证券交易所服务G60基地、产融对接品牌、G60金融服务联盟、产融结合园区、服务实体经济平台载体五个关键元素,达到金融资本相应平台、载体的"动脉畅通,良性循环"。在现有的基础上,可以加强以下三方面的工作宽度。一是加强上交所服务G60基地硬科技企业上市的实体化运作,进一步做优科创板企业储备库,科创属性预咨询、预沟通、预推荐机制,头部上市服务机构的分行业、分领域、分层次精准培训,以三合一结合的方式,完善科创板上市"蓄水池""加油站"的运行建设,实现G60走廊中城市科创板的数量、质量继续提升。二是加大提供全周期的金融服务,进一步发挥联盟机构优势。对G60金融服务联盟的主要头部金融服务机构,即银行、券商、基金、信托、保险、会计师事务所、律师事务所实行数量、质量挂钩的匹配政策支持,形成上市辅导、企业路演、政策宣传、产融对接等特色活动及特色机构。进一步提升高质量的金融供给,打造中国科技创新的全生命周期金融服务集聚区。三是加大长三角城市"服务直达"工程的力度,形成"双商"活动的量化标准(高频、高质量)。按常态化、标准化、菜单式精准落实"服务直达"G60城市的产融对接活动。分不同阶段、不同城市、不同需求在推动企业上市、发债、并购、再融资等分类金融服务中实现直达园区的平台搭建,完成举办场次、人次的提升,助推企业高质量发展。

二、行业决策咨询要在应用创新和理论创新上下功夫

深入学习、深刻领会、深化贯彻是上海金融行业决策咨询智库的重要使命,更是工作的重心。

面对多变的国际、国内形势,上海应坚持中国式现代化战略方针、加快中国式现代化的步伐,上海的金融行业肩负金融强国的重要责任。我们经过多次研究后发现,上海需要在以下两个方面下功夫、提升水平,才能结合中心建设,发挥行业决策咨询的作用。

1. 应用创新,努力适应上海金融业发展的需要

认识中国特色金融与西方金融模式的本质区别,这需要我们从中国的实际情况出发,在遵循金融发展一般规律的同时,着力应用创新,按照问题导向、突破导向,聚焦上海国际金融中心当前发展的难点,提出应用、实践的建议,如如何建设上海金融赋能科技创新服务体系、如何在长三角

科技创新共同体建设过程中健全完善G60科创走廊的金融服务系统。"陆家嘴、张江"的双区联动应深化科创与资本的双向对接。上海应打造多元化融资渠道,加速科技创新与市场的深度融合,建设形成金融助力系统;在临港新片区建设全球离岸创新基地,探索主动融入全球科技创新网络的"离岸支点"机制,推动建立跨境、离岸贸易、前沿科技产业发展开放型制度中的金融支持系统,渐进实践上海金融应用创新的系统样本积累。

2. 观点创新,努力提炼中国金融特色理论体系的原创型观点

中央金融工作会议明确提出了金融强国的战略方向。中国式现代化下的中国金融特色需要有相应的理论体系支撑,建立与其适配的知识架构。在这个过程中,具有国家金融特色的大量原创型观点形成,如同会计运行体系记账的分层结构,一级科目下设两级科目,而明细科目则是一级科目、二级科目的具体组成,缺一不可,只有充分反映中国金融由点到面、点面结合的特色,才能更加科学地建成中国金融特色理论体系。调研为基,梳理为重,调研与梳理为行业的应用创新夯实了基础,而创新观点则是破解堵点的"开门钥匙"。

上海应以开放、包容的姿态提倡观点创新。在经济、技术与金融同步布局的时代,观点创新要特别重视实体经济、科技创新和金融的同步驱动。

三、重视国际化品牌战略,中小型传统制造业也是新质生产力的组成部分

2024年2月,上海一家传统小型制造业企业生产的"思乐得"保温杯得到了德国的"红点"设计大奖,成为我国国际化品牌战略的典型,这也是因地制宜推进新质生产力的一个样本,引发了关于中小企业和传统制造业如何为新质生产力增砖加瓦的以下思考。

1. 制造型企业弘扬国际化品牌战略,是"中国智造"更高、更快、更强、更科技走向全球的核心标志

中国制造业已经从制造转型为智造,享受了科技研发的红利,弘扬国际化品牌战略体系成为核心标志,关键有以下三个着力点:

——是聚焦并抢占某一产品的国际"奥斯卡"并形成系列特色品牌(如

"思乐得"保温杯十年拿到德国"红点"设计大奖的保温杯系列奖项),中国制造业要致力于打造国际品牌。

二是突出产品延伸、拓展的"做精、做优、做特、做异"特性,以科技研发和精品设计、创新销售为产品延伸与拓展塑造基石。

三是渐进推行全球五大洲的产品系列差异化设计布局,巩固已有市场占有率、开发差异化、辐射型、多功能延伸的多频式生态,以及生活型、科技新型的产品设计。

2. 践行新质生产力,深化战略形势,推进"四维"行动

具有相应基础的中小型制造企业要从自身实际出发,主要通过四个维度构建新质生产力的现代践行体系。

一是经济保障维的高度。将经济成效的既定目标作为先进生产力的核心标准,确定3年、5年、8年的量化经济目标。

二是科创集成维的深度。以产品特色,延伸上、下游及其科创共同体建设集成为先进生产力的质量标准,规划未来的科技含量卓越程度。

三是文化环境维的温度。基于企业所处的环境条件,培养企业精神素养,试验并提升上海企业与社会文化环境和民族文化、海派文化、开放文化的创新融合,将此作为先进生产力的社会标准。

四是国际品牌维的宽度,以既有的国际化品牌为基础,拓展特色产品持续获得国际品牌奖项的频次、拓宽特色产品面向国际的市场需求、延伸销售,将此作为先进生产力的国际标准,为国家新质生产力的基业做贡献。

四、重视我国区域经济的比较与合作,开拓国家经济高质量发展的新局面

1. 区域经济是中国式现代化高质量发展进程中的"核心中场"和基础力量

第一,诠释区域经济的含义及其影响因素十分必要。

区域经济是指在我国的一定区域内经济发展的内部因素与外部条件相互作用而产生的相应经济综合体。区域经济的发展与自然条件、社会经济条件、技术科技实力和政策密切相关。

（1）我国幅员辽阔，区域经济丰富多彩且各具特色形态，研究需要因地制宜、科学把握。

（2）一个区域的经济发展，一定是该特定区域受自然历史、制度演变、地域特色、生产传统相互影响、互为依存的结果，研究需要有的放矢、顺应适配。

（3）区域经济发展一定要顺应中国式现代化战略、推进新质生产力的发展、加强金融保障体系建设，实现宏观导向、微观落实的区域经济中观融合需要系统前行。

第二，明晰区域经济与中国式现代化存在基础逻辑关系，加快发展至关重要。

中共二十大规划了中国式现代化宏伟蓝图，区域经济成为国家经济发展的"中场"，我国的区域经济是承接国家宏观经济、统驭微观经济的中观"二级科目"，与中国式现代化有着基础的逻辑关系，体现在以下方面。

（1）中国式现代化下区域经济要坚持中国共产党的领导核心，这是高质量发展的第一要务，党的领导是区域经济的旗帜和灯塔。

（2）中国式现代化下的区域经济要推进民族复兴、进行现代合作创新的探索、坚定中国式特色的宝贵经验和财富。

（3）中国式现代化的区域经济要升华丰富多样的"因地制宜"举措，深化区域特色、协同融合、互补成长的应用场景，实现逻辑关系的经验积累和汇集。

第三，强调中国式现代化下区域经济高质量发展的关键基础元素和金融服务绝对必要。

中国式现代化的区域经济是国家高质量发展的中观基础支撑。强调并实现区域经济现代化，必须重视以下三个方面：

（1）区域经济高质量发展的关键是四个坚持，即坚持党的领导为本、坚持实体经济为重、坚持科创引领为先、坚持综合服务为要。

（2）区域经济高质量发展的基础元素必须同时体现，即同时体现历史传承、地缘文化、民族和睦、互补合作，加强不同区域经济的优势共享。

（3）区域经济高质量发展的金融服务不可或缺，金融赋能是区域经济发展的血脉。提升以金融引领的样本，并渐进式完善经济保障集成系统的构建,已经成为部分先行区域经济共同体试验的组成部分。

2. 重视区域经济的比较、合作研究,推进国家经济高质量发展战略的重要基础环节建设

第一,我们要对中国区域经济现状进行类型梳理、类别划分、特点归纳、细化剖析。

(1) 掌握详细信息和一手资料,运用科学理论进行主要类型梳理。

(2) 针对每一个行政省份和相对成型的经济区域的现状进行相应类别的划分,梳理我国区域经济的基本类型。

(3) 运用应用型理论,对区域经济各主要类别进行特点归纳,初步确认相同类型的共性特点。

(4) 选择各种类型的典型样本进行细化剖析,突出样本的成功点、薄弱点和亟待改善点,建设好同类的应用场景。

第二,我们要对中国区域经济间的合作进行类别归集、类别梳理、样本选择、类别汇总。

鉴于国家区域经济多样化、多类型、多特色的形态,推进区域经济间的携手合作,从而实现共赢,已经成为经济高质量发展的重要路径。我们建议,在系统做好我国区域经济现状比较的基础上,应该加快区域经济间合作的规划和方案设计,集中力量加强以下四方面的工作。

(1) 对于区域经济合作的现实样本,做好合作类别归集,形成实效评价分析。

(2) 对于我国区域经济合作的类型归集,详细剖析合作类别,完善特点提炼和具体改进举措建议。

(3) 对于我国区域经济合作的战略导向,加深不同类别间合作可选择的样本数及可行性咨询研究,推动国家区域经济高质量发展的重点突破。

(4) 对于我国区域经济合作的典型选择,做优长三角一体化中的区域经济合作典范集群建设总结,拓展更高、更快、更强、更新的示范引领区。

重视区域经济"核心中场"建设,推进区域高质量发展的基础力量建设,循序深化区域经济合作研究,突出实效,拉好新质生产力和金融支撑、科技先行、实体经济为重的"多重奏",展现中国的区域经济高质量发展新局面。

五、上海的都市化农业致力于推进区域经济合作和加强"海派特色"

1. 乡村振兴是上海建设国际化大都市的组成部分

农业必须高质量发展,其核心要点可以从《上海市人民政府办公厅关于进一步促进农村集体经济高质量发展的意见》(沪府办规〔2022〕2号)中体现:一是创新农村经济发展的体制机制。二是盘活农村存量资金资产。三是深化农村产权制度改革。四是加大政策扶持力度。五是强化保障措施。以上五方面反映了上海市确保都市化农业高质量发展的意图十分明确。

农业科技是全面推进乡村振兴的关键所在。上海要进一步优化农业科技创新生态,推进乡村振兴新赛道的建设,提升农业创新主体能级,打造"区块链+优质农产品"应用场景,尽早开拓乡村振兴的全新局面。

2024年上海市促进乡村全面振兴可以体现在以下方面,如进一步推动城乡融合发展,促进乡村全面振兴。市政府年度工作报告对着力发展都市现代化农业进行具体部署,深入实施乡村建设行动,加强农业知识补充等工作。推动新型农村集体经济、农业科技创新、发展都市农业成为未来上海农业振兴的三种方式。

2. 重视构建长三角区域和不同区域经济之间的农业发展合作、协同模式的研究和试验

首先,着眼特定区域经济范围内的比较与合作研究。区域经济是一个国家高质量发展的核心中场,互补的区域经济进行合作可以产生"1+1>2"的整体效能,这有利于一个国家的建设。上海要用战略的眼光,以宏观思维引领战略的推进。

其次,着手长三角区域多彩生态农业田园规划布局。

长三角区域是国家区域经济高质量发展的先行区域,应优化布局这一区域多彩的生态农业田园。

最后,国家应着力促进上海与不同区域试验"农业合作共进"模式,并给予支持。

3. 建设"乡村振兴,海派特色"的都市型生态田园、场景的三点建议

一是还原"三园"初心即指将都市化农业场景建设成为都市田园、农业的公园和舒心的家园,因地制宜,在并举上下足功夫。

上海对乡村产业振兴实行多业并举,从所处地域的实际出发,对城乡统筹的乡村养老产业、城乡融合的乡村文创产业、城乡一体的乡村科创产业、城乡互动的乡村旅游产业并举进行的可行性研究是创新的顶层设计,体现上海对已有资源的整合和乡建乡创。

二是坚持海派特色农业的本色,"以水为基",在系统运行上下细功夫。

上海经济应该升华"以水为基"的特征,努力打造上海经济"溪、泊、河、湾、江、湖、海、洋"的水系。"三园"初心应融入上海经济的水系系统,如上海的"乡传南泥湾"项目。该项目位于浦东临港产业区内,园区内有错落有致的水道,项目要设计好农业运行企业自己的"溪""泊""湾"建设。同时,上海应按复式推进的思路,发挥市场经济和国家规划、政府推进的同频作用,加快完善的步伐。

三是开阔胸怀、加强合作。

上海的乡村振兴是在建设国际化大都市方向下的体现,上海应将合作开发都市农业的想法落实到未来的发展路径,如何凸显都市农业的科创先行、如何凸显类似已有案例而互补共进、如何汲取我国台湾地区农业"乡建乡创"的成功经验,值得我们认真思考。同时上海应在共同发展中下准功夫,推动上海都市农业的"借鸡生蛋"试验和本色再提升,在共同发展中加快步伐、科学共赢。

第二编

探　索

上海陆家嘴金融人才的集聚成长

一、上海与浦东新区金融人才工作回顾

1. 上海的金融人才工作概述

人才是强市之基、转型之要、活力之源。自中共十八大以来,上海市认真贯彻习近平新时代中国特色社会主义思想和中央人才工作会议精神,相继出台了《上海市国民经济和社会发展第十四个五年规划和二〇三五年远景目标纲要》《上海国际金融中心建设"十四五"规划》和《关于新时代上海实施人才引领发展战略的若干意见》等重要政策文件,举全市之力加快推进高水平人才高地建设,努力打造我国建设世界重要人才中心和创新高地的战略支点,为加快建设具有世界影响力的社会主义现代化国际都市提供人才支撑、打好人才基础。

第一,加强顶层设计,科学布局人才工作。面对人才竞争日趋激烈的新态势,上海市重视加强顶层制度设计,深入推进人才发展体制机制改革创新,积极打造"人才高地"。2021年7月28日,上海市政府发布《上海国际金融中心建设"十四五"规划》,文件把加快构筑国际金融人才高地、不断增强金融人才创新活力列为"两中心""两枢纽"和"两高地"六大目标之一,并提出了要坚持国家战略、全球视野、市场导向的原则,加快构筑与国际金融中心发展相适应的科学规范、开放包容、运行高效的人才发展体制机制,进一步汇聚全球金融人才和优化金融人才结构。该文件为今后较长一段时间的金融人才工作指明了方向、明确了目标。同时,上海将优化金融人才集聚机制、完善金融人才评价机制、创新金融人才培养成长机制和健全金融人才服务保障机制作为"十四五"时期的具体任务措施。

上海国际金融中心建设、自贸试验区建设和科创中心建设的三个战略对金融人才工作提出了更高的要求，同时也为金融人才提供了广阔的事业舞台。

第二，坚持系统谋划，统筹推进人才事业。近年来，为加快上海国际金融中心建设进程，上海逐渐形成了全方位推进金融人才工作的新格局：通过实施"金才工程"和加大金融紧缺人才开发力度，金融人才开发体系更加健全；通过搭建人才实践基地和多方位的交流平台，推动人才培养工作紧贴实际；通过不断完善金融人才扶持政策和丰富人才服务体系，金融人才保障机制更加完善。

一是金融人才开发体系更加健全。上海坚持深入实施"上海金才工程"。"上海金才工程"瞄准了国际金融中心和全球科创中心对金融人才的需求，着眼未来，围绕聚才、育才、用才等各环节，构建了上海金融人才工作新格局。截至2020年，上海共选拔了上海海外金才95名、上海领军金才195名、上海青年金才289名。"上海金才工程"作为全面推进上海金融人才工作的系统工程，进一步完善了本市多个单位和部门协同推进金融人才工作的机制，进一步优化了金融系统人才梯队建设。纵向上，梯队形成了金融机构自身培养、金融系统"上海金才工程"、全市人才开发计划等健全的人才培养梯次；横向上，梯队形成了上海海外金才、领军金才、青年金才等涵盖各个金融层次的人才开发计划。

金融紧缺人才开发力度加大。2021年8月19日，上海市地方金融监管管理局等六部门联合印发了《上海重点领域（金融类）"十四五"紧缺人才开发目录》。通过政策叠加、服务叠加、资源叠加等方式，上海加大离岸金融、绿色金融、文化金融等紧缺急需金融人才开发力度；鼓励支持本市金融企业和高校根据该目录开展紧缺急需和重点专业领域人才培训工作。其中，金融科技类人才进一步得到重视，金融科技类首次纳入紧缺人才目录，这一举措加大了对金融科技人才的支持力度，有利于上海加快金融数字化转型。《上海国际金融中心建设"十四五"规划》在金融科技维度提出了"提升金融科技全球竞争力""创新人才发展体制机制"等主要任务，上海持续培育人才充足的金融科技生态。

二是金融人才培养工作紧贴实际，搭建人才实践基地。在用人单位端,上海坚持需求导向,积极整合和拓展金融人才培训资源,打造了一批"上海金融人才实践基地",推动金融机构与上海市机关企事业单位之间的干部人才双向交流任职挂职。中国共产党上海市金融工作委员会创新设立了多家上海金融人才实践基地。自2017年以来,百名金融人才在实践基地开展为期一年的挂职锻炼,培养了复合型高素质人才,加快推进了上海国际金融中心建设的工作。在高校端,上海推动在沪高校主动适应上海金融紧缺人才培养需求,支持金融机构与高校建立人才联合培养机制;鼓励上海市金融企业与国际知名金融机构、金融国际组织、高校、研究机构等加强合作,探索研发与上海国际金融中心建设要求相适应、符合上海金融行业发展实际需求的海外培训项目和课程。

搭建金才交流平台。上海打造了陆家嘴金融人才论坛、沪上金融家、金融机构HR沙龙、在沪金融要素市场联络员季会等若干个行业内知名、具有一定影响力、引领效应突出的金融人才交流平台,人才通过平台,围绕金融改革发展重大议题、前沿热点问题,定期开展研讨交流,平台的建立促进了人才流通。上海充分发挥金融行业协会专业优势,开展金融人才培训交流。上海国际金融中心研究会、上海高金金融研究院等金融民间团体积极开展金融政策宣传、行业调研研究、学术论坛等活动,推动了金融人才交流互动,进一步优化了金融人才发展环境。

三是金融人才保障机制更加完善。上海加大资金扶持力度,设立各项人才发展专项资金,实施上海"千人计划"、上海领军人才、上海青年英才开发计划等;加大对高层次金融人才的扶持力度,不断提高人才投入的社会效益和经济效益;加强金融人才工作者队伍建设,不断提高金融人才队伍的水平能力,同时鼓励金融机构加大人才工作资金的投入力度。

搭建金才服务平台。上海进一步整合资源,拓展服务内容,提升服务能级,建立专业、公益、便捷、高效的金融人才服务平台:定期、集中发布人才招聘信息,将各种业态和所有制形式的企业纳入服务范围,促进金融机构和金融人才供需双方有效对接;创新服务手段,坚持"线下线上"联动,做好人才招聘、落户受理、政策咨询等配套服务,满足人才多样化服务需求。

优化人才政策环境。在人才政策环境方面,上海围绕人才引进、人才培养、人才激励等方面,积极对接全市人才政策,努力营造金融人才发展良好环境,以制度优势吸引人才留在上海工作和生活。

第三,循序渐进。上海金融人才总量显著增长。2015年年末,上海金融从业人员人数总计35.07万人。2022年,上海金融从业人员人数超过47万人,金融人才集聚效应初步显现。金融人才分布于各类金融市场、金融机构以及金融监管和服务部门,涵盖银行、证券、保险、基金、信托、资产管理包括金融科技在内的新金融等多种业态。金融人才国际化水平不断提高。在外籍人才方面,2012—2019年,上海连续八年在"魅力中国——外籍人才眼中最具吸引力的中国城市"主题活动评选中排名第一。截至2021年,在上海工作的外国人数量为21.5万人。自2017年4月起,我国全面实施外国人来华工作许可制度,上海共核发《外国人工作许可证》25万余份,其中外国高端人才(A类)约5万份,占比约18%,引进外国人才的数量和质量均居全国首位。

2. 浦东新区金融人才工作汇总

浦东新区金融行业持续发展,金融中心能级不断提升,全球资源配置能力显著增强。浦东新区的各类持牌类金融机构总量达到1 140家,约占全市总量的2/3;金融要素市场和基础设施达到13家,约占全市总量的90%;外商独资资产管理公司110家,占全国总量的90%以上;融资租赁资产规模超过2.2万亿元,约占全国1/3。陆家嘴作为中国金融机构聚集度和国际化程度最高的国家级开发区,逐渐成为全球优秀金融人才的重要集聚地。

金融行业良好的发展势头为金融人才工作的开展夯实了基础,也为金融人才的集聚发展提供了机会。浦东新区金融人才的培养和发展对引领带动上海"五个中心"建设(人民币金融资产配置中心、人民币金融资产风险管理中心、金融科技中心、优质营商环境中心、金融人才中心),更好地服务全国发展大局和带动长三角一体化发展战略的实现具有十分重要的作用。浦东新区金融人才工作呈现以下五个特点:

一是政策系统化、集成化程度更趋完善。浦东新区陆续出台和发布了《浦东新区关于支持人才创新创业促进人才发展的若干意见》(以下简称人才发展"35条")、《浦东新区"十四五"期间创新型人才财政扶持办法》

《浦东新区深化上海国际金融中心核心区建设"十四五"规划》《浦东新区"十四五"期间促进金融业发展财政扶持办法》等政策,其中有些是行业发展的指导性文件,包含了金融人才工作的指导思想和战略方向,有些是全面人才工作的支持性文件,包含了发展重点人才的具体工作和创新举措。各项政策各有侧重、有机补充、有效组合,为金融人才发展提供了全面、系统的支持。

二是人才引进更加注重全球性、引领性和创新性。围绕建立全球高端人才并引进"直通车"制度的要求,浦东新区挂牌设立了全国首个海外人才局,建成了集人才服务综合体和人力资源配置枢纽于一体的国际人才港,率先出台了一系列关于提高海外人才通行和工作便利度的创新政策。例如,浦东新区争取开展外国人才"一证通用"改革,建立浦东新区外国人才永久居留推荐"直通车"制度,争取承接外国高端人才审核权,逐步放开专业领域境外人才从业限制,建立国际职业资格证书认可清单制度等,为全球性高端金融人才的引进提供便利。

三是各类人才创新突破落地路径更显通畅。浦东新区作为全市试点区域开展了一系列吸引外国人才的突破性尝试。例如,率先在浦东新区试点"人才举荐""人才自荐""重点单位推荐"等新机制,为外籍人才办理永久居留证;率先在浦东新区试点为外国创业人才及团队申办工作许可;率先开展外籍人才薪酬购付汇便利化先行先试,为外籍人才提供可分次、可跨行、零审单的"一件通"薪酬购付汇服务等;针对海外留学生,推出"以赛代评",打破传统评审模式,通过大赛评选出优质项目。2021年,浦东新区启动博士后创新实践基地建设试点,打造基础研究和应用研究相结合、"产学研用"融合发展的有效载体。

四是将金融人才发展综合性平台打造成为核心抓手。浦东新区依托全球知名金融行业协会、高端金融论坛等多维交流平台,打造推动金融人才引进、孵化、服务和发展的高质量金融人才交流平台,吸引各类高端金融人才到浦东新区开展深度合作;利用移民政策实践基地、浦东国际人才港两个重要的人才政策集成创新平台,为海外高层次人才的出入境、停居留、就业创业等方面提供全方位服务。推动落实和承接我国金融业新一轮对外开放举措,吸引更多的合资证券、外资银行、外资寿险、外资再保险、外资保险经纪、外资公募基金和评级机构落户浦东新区,承接跨国金融业务和交易的转移,为国际金融人才搭建事业舞台。

五是保障有力的金融人才公共服务体系更趋完善。浦东新区围绕金融机构人力资源管理、金融人才全生命周期职业发展、生活便利、金融行业文化建设打造金才行业通、金才职业通、金才生活通、金才文化通等四大品牌活动,以金牌"店小二"的优质服务助力金融人才队伍建设;不断加强金融人才落户、子女教育、健康医疗、住房等方面的服务;成立金才服务站,推动"海创岛""博新湾"网站上线,打造"金才"工程;通过国际人才公寓、租赁住房等方式解决金融人才居住问题,积极引进外资健康保险机构,大力发展国际医疗保险结算服务。

3. 浦东新区金融人才发展环境综述

第一,金融机构从业人员具有高学历和年轻化的特征。硕士及以上学历员工占比最小值为1.67%,最大值为83%,平均值为41.85%,普遍集中在30%~60%。35岁以下员工占比最小值为2.52%,最大值为86%,平均值为54.50%,普遍集中在50%~70%。

第二,业务类金融人才和金融科技类人才是金融机构目前最紧缺的人才类型。业务类紧缺金融人才需求主要为资产管理人才、智能投顾人才、量化投资分析人才、固定收益外汇大宗商品投资人才、金融机构营销人才(对公业务)等。金融科技类紧缺人才需求主要为两方面:大数据挖掘、应用金融人才和金融信息基础设施开发与运营人才。

第三,在人才认证方面,高校联合推行的认证项目接受意愿不高。金融机构比较认可的金融人才认证标准为行业协会、知名高校、用户单位联合推行的认证项目或者政府推行的认证项目,对研究院和知名高校联合推行的认证项目接受意愿较低。另外,在认证标准方面,金融机构更倾向于根据候选人任职履历、行业影响力、职称学历、专业认证、学术地位等进行综合评定,而不是仅凭金融人才在单位中的职级和表现来评定。

第四,在人才培训方面,金融机构的人才培训主要以内部培训为主。受人力、物力等各项资源的限制,金融机构最主流的人才培训方式是由单位内训师进行授课或各部门内部组织经验交流与分享讨论。较大的金融机构会采取建立自己的企业培训中心,邀请外部讲师到公司进行集中讲授的方式。另外,为员工安排更具挑战性的工作或任务和内部轮岗也是比较重要的培训手段。但是,金融机构员工较少通过 e-learning 进行自主学习,也较少安排员工参与获取学历证书的学习。另外,我们在访谈过程中得知,企业和高校联合培训的意愿较低,更欢迎有实践经验的人士参与培训活动。

第五,在人才保障方面,以薪酬为基础的多元激励机制最具吸引力。金融机构普遍认为吸引紧缺金融人才的最主要因素如下:有竞争力的薪酬和多元激励机制,职业发展前景好、晋升空间大,以及人才落户、住房补贴、人才公寓等便利政策。

4. "十四五"期间金融界需要解决的主要困难和诉求

首先,金融界需要解决人才引进的现实困难。

第一,人才供给还满足不了现实需求。在人才能力方面,人才与岗位适配度低,达不到岗位要求;在人才数量方面,高质量专业人才存量不足。在金融产业中的细分方向,如绿色金融、飞机船舶租赁等,符合岗位需求的顶尖人才较少,金融机构需要到国外招揽合适人才,招聘成本较高。另外,复合型人才较为缺乏,随着创新性金融业务越来越广泛,人才需要融合客户、服务、平台等方面的技能和知识,金融机构很难招到综合素质全面的人才。

第二,人才培养还存在供给性缺失。在校园培训方面遇到的问题如下:产学研融合还不够深入,培养出的学生实操能力较弱、专业技能不足,难以满足金融机构要求。在企业培训方面遇到的问题如下:大型金融机构会建设企业内部的学习和培训中心,其培训内容多涉及业务知识且不愿意外传,而中小企业缺乏相关资源及资金,以企业内部员工培训为主,获取更优质、更权威的培训渠道数量不足。市场化的培训资源鱼龙混杂且与业务实践结合程度低,很难令中小机构信服,中小机构更希望政府、行业协会或企业联盟能牵头成立业务培训平台,提供更多培训资源。

第三,平台化的人才招聘渠道尚有不足。通过招聘渠道触达的人才范围有限,招聘渠道狭窄。对于紧缺的金融人才,金融机构最有效的招聘渠道为熟人推荐、网络招聘、猎头推荐。熟人推荐触达的人才范围较窄;网络招聘的人才能力差较大,筛选识别成本高;对于猎头渠道,金融机构还需要识别猎头企业的质量,且不能依靠少数猎头推荐人才。平台化的人才供应渠道不足,政府、行业协会等具有公信力的组织牵头的专场招聘活动尚不能满足金融机构的需求。在薪酬待遇方面,金融机构难以把握合理的薪酬水平,薪酬待遇和人才期望不匹配。

第四,数字化转型带来的人才短缺问题较为突出。金融机构普遍面临数字化转型问题,即从传统金融的劳动密集型产业转变为数字化升级的高级服务业,但缺乏清晰的路径和配套资源。还有很大一部分中小金融机构依赖 Excel 和手动操作,数字化转型进程面临较高门槛和难度,一方面是因为大型金融机构自身的数字化转型也在探索中,对中小机构的赋能有限。另一方面是因为市场供给金融科技人才等复合型人才较少,且金融机构面临着互联网企业高额薪资的冲击,流入金融机构的数字化人才数量有限且流动性大。

第五,政策传递渠道分散,政策解读服务还不够。分管金融业的部门较多,虽然市级、区级会颁布相应的政策,并发布在相应部门的官网上,但是金融机构获取信息的时间成本较高且容易遗漏重要信息。另外,我们经过调研得知,不少金融机构对于新颁布政策的具体落地执行存在一些疑问,对政策的理解不够深入,缺乏权威人士进行政策讲解与专门的政策咨询活动。

其次,具体而言,金融机构的诉求集中在以下方面。

在人才招聘方面,国内外各大高校之间建立长效平台,提供持续性的招聘和实践服务;建议政府拓宽国内外招聘渠道,组织企业联合招聘活动,甚至形成招聘品牌;针对金融科技人才不足的问题,建议政府加大对外地计算机强校学生的定向招聘,且附加一些人才优惠政策,吸引更多人才到上海工作。

在人才培养方面,金融界应建立多方共享的培训平台,整合提供系统化的培训资源;金融科技人才缺口较大,高校、社会培训机构等人才输送端应贴合企业发展实际,培养更多应用型的人才,增加金融科技人才供给总量。

为了拓宽人才交流渠道,金融机构应开展多样化的人才交流活动,参与国内外高层次人才交流活动、学术论坛等;建立企业学习和发展中心,加强单位内训师授课频率以及各部门内部组织的经验交流与分享讨论。

金融机构应建立多层次人才培养和交流机制,日常高层次人才的活动交流相对较多,中层骨干与初级员工的培训缺乏,各个职级的员工都应得到充分的发展,为企业贡献更大的力量。

在人才保障方面,金融机构应为阶段性住房困难的紧缺金融人才提供支持和便利,落实人才安居工程,使人才落户、人才公寓等支持政策能够惠及更多群体。

在资金方面,政府部门应进一步加大资金供应,用于金融领域人才发展、海内外人才培训、留学人员创业资助等。

在政策方面,政府部门应提供针对性的高质量政策咨询和综合协调服务,加大对优惠政策的宣讲力度,真正为企业落实政策的最后一环;建立综合的政策发布平台,提高人才相关政策获取的及时性和便利性,避免出现企业符合条件而不知道相关政策,从而错失优惠的情况;借鉴国外多层次的税收调节制度,提供更多的税收优惠政策,给予企业更多自主权;由于户籍政策是吸引人才的重要因素,企业希望能够扩大落户优惠政策的覆盖人群,从企业高层管理人员覆盖到中层骨干;同时,落户政策对金融机构的条件和资质要求较高,企业希望能够放宽一些条件,从而吸引更多人才选择上海、留在上海。

二、国际视野中的金融核心启示、多样化探索和经验梳理

1. 人才是国际金融中心建设的第一资源

国际金融中心的发展,归根结底要靠人才驱动。历史和实践证明,国际金融中心建设的过程必然是金融人才不断集聚的过程。纽约、伦敦、中国香港等国际金融中心的建设实践很好地证明了金融人才的关键作用,正是集聚了大量的高端国际金融人才,才成就了其全球一流国际金融中心的地位。历史上金融中心城市的更迭,排名的变化背后也是因为金融人才的流动。发展是第一要务、人才是第一资源、创新是第一动力,推进上海国际金融中心建设的过程中,人才作为第一资源的作用更加明显,这也对培养和引进高层次的金融人才提出了更为迫切的要求。随着国际竞争格局的演变,人才在国际金融中心发展中的作用越来越大,国际金融中

心逐渐由以"钱"为中心、以机构为中心转变为以"人"的需求为中心,金融人才成为数据和创新市场争夺的主战场,国际金融中心的较量归根结底是"人"的较量。

2. 以人才的核心作用影响国际金融中心发展的若干有效做法

人才作为第一资源在国际金融中心发展中发挥了重要的作用,世界各个国际金融中心里无一不是人才集聚,每一个金融中心都有着自己独特的发展历程,形成了自身集聚金融人才的务实经验。

伦敦金融城为了集聚高质量金融人才,推出了一系列有利于人才集聚和发展的政策措施,为伦敦金融城的蓬勃发展打下了坚实的人才基础。伦敦金融城不仅通过技术移民等渠道吸引了大量的高素质金融人才跨国移民英国,还制定了针对性的金融人才能力提升计划,吸纳金融人才通过培训进修源源不断地流入伦敦金融城,保证了伦敦国际金融中心的持续繁荣。

人才优势是纽约国际金融中心的核心优势。一方面,得益于纽约湾区集聚了全球顶尖的高等教育资源,数量庞大的高等学府和研究机构为纽约湾区提供了高质量的人才资源。另一方面,纽约国际金融中心为了招揽全球优秀金融人才,建立了引进外国人才的工作机制,通过技术移民、留学绿卡和外聘专家等渠道广泛吸纳高质量金融人才。

中国香港国际金融中心则把人才工作重心放在了金融人才的发展方面,围绕在职培训和专业提升做了大量工作。一方面,利用中国香港地区现行的资历架构制度,明确了岗位级别所应达到的标准以及资历之间的衔接阶梯,鼓励在职金融人才自行确立进修目标和方向,去获取行业普遍认可的资历。另一方面,香港金融行业的"人力才干模型"对金融行业的各个岗位作了明确的量化规定,避免了用人单位安排岗位的主观性和随意性。资历架构和"人力才干模型"相互配合,前者让在职金融人才根据资历架构的路线图,规划自身的职业生涯,后者为金融人才设计培训课程和考核标准提供了依据,两者共同为香港地区金融人才的发展发挥了关键的促进作用。

3. 优化金融人才生态环境建设的国际经验

随着国际金融中心竞争格局的演变,各金融中心对金融人才的争夺也越来越激烈,逐渐由待遇留人转换为环境留人,同时,金融中心为金融人才的技能提升和职业发展提供了良好的外部条件,形成了一套综合的金融人才集聚服务保障体系,金融人才发展的生态环境得到优化。首先,在人才集聚方面,纽约、伦敦等金融中心充分发挥高等教育国际化的优势,通过绿卡和移民政策逐步建立了全球开放的金融人才引进机制,吸纳了大量高质量金融人才。其次,在人才政策方面,伦敦金融城等通过打通育才、引才和成才各环节政策壁垒,推动人才培养、人才引进和人才发展系统集成,为金融人才提供全方位、全生命周期的支持。再次,在配套举措方面,东京为了支持金融人才发展,在资金扶持、奖励标准、移民落户、住房补贴和税收优惠等方面多管并举,建立了全方位的金融人才服务体系,提升了东京的金融人才环境。最后,从政策效果来看,伦敦、中国香港等金融中心通过全球开放、系统集成、多管并举的人才举措,不断改善人才环境、提升城市环境、加强国际交流与合作,同时提供良好的工作和生活环境,大大提升了其对金融人才的吸引力,金融人才培养和发展的能力得到了全面提升。

面对激烈的人才竞争环境,上海也在不断优化金融人才集聚机制,充分发挥上海人才政策在吸引人才方面的关键作用,着力集聚和培养行业领军人才和青年人才,不断完善金融人才评价机制,提升金融人才评价的科学化、市场化水平。同时,上海不断创新金融人才培养成长机制,发挥上海金融人才实践基地、培训基地的人才培养项目功能,支持金融机构与高校建立人才联合培养机制,充分发挥金融行业协会专业优势,开展金融人才培训交流。上海进一步健全金融人才服务保障机制,进一步统筹市、区两级人才服务资源,共同为符合条件的金融人才提供便利性服务。

三、加快构建上海陆家嘴金融引领人才创新平台的框架

1. 指导思想与目标:"循环递进,科学集成,三年完善"

在充分借鉴全球国际金融中心城市人才成长有效经验的基础上,我们通过系统调研,充分梳理了上海特别是浦东新区陆家嘴金融核心功能区的已有特点、解决难点和供需重点。面对上海陆家嘴金融进一步攀登全球金融高峰、积聚顶级金融人才的战略任务,上海陆家嘴金融应进一步优化国际顶端金融创新人才集群、汇集国内顶级一流人才队伍、提升人才

集成转型升级;基于经济新常态,进一步构建符合实际、创新发展的人才创新平台,健全平台运行规则,设计好浦东新区金融"开路先锋"特色的"人才第一资源"实验方案,为"十四五"时期的良性循环递进提供人才创新的实验样本。

2. 框架基础:"四梁融合,前、后、新、高,引领人才"

平台框架以"人才"为核心,由基础的运行前台、提升后台、策源新台、智囊高台组成,借鉴浙江清华长三角研究院的"北斗七星要素",汇集"政、产、学、研、监、介、用",以"循环递进,服务人才"为宗旨,实现"符合实际,创新成长"导向。

第一,运行前台。这是金融引领人才创新成长的基础舞台。陆家嘴作为我国金融市场最发达、金融机构最集中、金融创新最活跃的区域,汇集了大量的持牌金融机构及外资金融公司;上交所等国家级要素市场和金融基础设施坐落于此;中国的金融监管服务部门也大都分布于陆家嘴区域。金融业务、金融人才积聚使陆家嘴成为全国名副其实的"第一窗口",而金融核心三要素——市场、机构、创新更是人才比较的基础内容和"第一舞台"。平台围绕人才在市场、机构、创新中的运行数据,集成这些信息组成的数据系统,并据此统计、梳理人才在金融基础运行中的纵向、横向行为,从而反映陆家嘴金融引领人才的实施进步成长状况,助力陆家嘴金融人才在市场创新中完成跨越式发展。

第二,提升后台。这是金融引领人才创新成长的蓄能发展平台。陆家嘴金融发展的历史经验表明,要始终走在"开路先锋"的队伍前列,金融人才队伍必须在适应经济信息数字化、专业知识综合化、系统集成精细化的进程中,循序渐进地实现自身综合能级的全面提升,包括战略视野、资产管理、会计准则、财务评价、客户服务、法治理念、数据分析处理、信息安全及认证、灾难备份、新产品研发、融资租赁、人力资源培训等方面都需要知识更新和创新务实提升。运行与提升的前后呼应与适配,已经成为陆家嘴金融引领人才亟待加强的重要一环。陆家嘴金融应注意突出、汲取陆家嘴区域已有的专业、灵活的培训教育网络、业界自治模式体系,通过综合集成,建设人才"知识更新、学习集成、交流沟通、服务运行"的"陆家嘴开放大学堂",从而保持陆家嘴金融引领人才的创新储备,助力陆家嘴金融引领人才战略视野、创新理论、知识更新、系统集成的提升,形成集群力量。

第三,策源新台。这是金融在引领人才创新成长过程中发布探索、激励、创新、引领导向政策的舞台。陆家嘴金融的发展要有符合规律、循序渐进、突出创新的探索试验内容,"第一资源"的人才新政本质上就是一种发展策略。抓住人才策源,也就抓牢了创新的核心。"人才举荐"试点、"人才自荐"试点、"重点单位推荐"试点等人才新政的突破性尝试都有了好的效果,扩大资金扶持人才覆盖面、扩大人才激励和优惠措施、培育重点亟须专业人才的措施,如"千人计划""领军人才计划""浦东百人计划"等,这些人才政策先后发布在金融发展各个阶段的相应年份。"十四五"期间,上海承担着国家金融发展的重任,浦东新区陆家嘴的人才新政要围绕目标吸引人才,从提升陆家嘴世界影响力、彰显陆家嘴社会主义现代化特征、突出陆家嘴"国际大都市"风范等三个方面细化专项重点项目,通过具体细分、落实人才特别专项,并实行、运行、提升融合人才专项新政,发挥策源对人才资源的激励引领功能。

第四,智囊高台。这是金融引领人才创新发展的智慧发展舞台。陆家嘴金融的历史经验和国际金融城市发展的规律表明,人才是"第一资源",人才较量与比拼的实力、能力主要体现在理论基础、战略视野、创新智慧、市场匹配、突破策划、法治保障和应用推进。通常,金融智囊是一个区域创新发展的主要推动者。陆家嘴金融引领创新平台,要在继续推进国内外金融智库、智囊决策咨询做法的同时,挖掘根植于区域内人才集群中的战略型、实务型智慧,特别注重推动浦东新区立法权限中的若干人才立法,建设好独有的、突出人才资源的陆家嘴智囊高台。

陆家嘴金融应形成区域"三明治"结构的智库型高台,该平台由国内外智库、陆家嘴高台智库成员、区域内金融人才集群组成。同时在加强立法过程中突出人才创新的法治保障,通过一定时期的探索、试验,将其打造为陆家嘴金融引领人才创新平台中的战略高端智慧平台。

平台由运行前台、提升后台、策源新台、智囊高台构成,成为"人才第一资源"的原生态整合系统,框架经过多年的纵深探索、数据积累、创新检验丰富完善,以达到人才"循序递进、创新成效、提供样本"为建设目标。

3. 平台性质："七星"要素、创新组装、系统导向

陆家嘴金融引领创新平台，凝聚国际、国内人才资源发展的经验、做法和共识，坚持七星要素、社会共建、系统组装、创新导向，秉持非营利原则。借鉴我国浙江清华长三角研究院的"北斗七星"模式，结合平台实际，将政府、产业、高校、科研、中介、监督、市场应用体现在运用前台、提升后台、策源新台和智囊高台的方方面面，人才作为"第一资源"，应努力凸显以"学""政"为本、"研""用"为重、"产""介"协同、"监督"为要的特色塑造，实现陆家嘴金融人才"第一资源"存量、增量的创新型递进成长。"七星"要素的选择如下：

"政"，按党管人才的原则，由中国共产党上海市浦东新区委员会、浦东新区金融服务局、陆家嘴管理局代表；

"产"，由陆家嘴业界自治团体代表；

"学"，由相关高校如中国浦东干部学院、财经金融类高校等代表；

"研"，决策咨询智库，由上海市参事工作室、浦东新区金融促进会等代表；

"监"，由国家有关金融监管机构代表；

"介"，由人民日报、国际金融报等金融类媒体代表；

"用"，由陆家嘴管理局、区域主要实体代表。

平台形成"四梁七星"模式，各主体共同助力陆家嘴金融，引领人才创新发展。

4. 平台原则：党管人才，机构设置，务实筹建

第一，党管人才。由中国共产党上海市浦东新区委员会确定、审核平台试验方案并提出理事长人选，我们建议由陆家嘴管理局党委委员负责代表。

第二，机构设置。平台设立理事会，由平台参与单位推选，理事会设立理事长1名，副理事长若干名，实行定期会议和临时会议相结合制度，确定平台事项。

平台设立推进委员会，该委员会是平台日常工作、活动的运行机构。推进委员会设主任1名、副主任3名、秘书长若干名，负责平台事项。

平台设立顾问委员会，该委员会聘请国内外著名决策智库专家为平台提出高端建议。

平台设立长三角金融联络委员会,与浙江杭州、江苏南京、安徽合肥的金融核心区开展交流和合作。

平台设立监事小组,由上海市金融监管机构代表、浦东新区监察委员代表组成。

第三,务实筹建。在相关平台构想得到肯定的基础上,浦东新区务实推进筹建工作。筹建期以半年为宜,筹建工作由中国共产党浦东新区委员会领导,我们建议由上海市智库若干工作室、浦东新区金融服务局、上海市金融业联合会研究中心、上海市浦东新区金融促进会负责筹建。

筹建期的主要任务如下:(1)组建平台各参与单位交流互动。(2)收集、组织相关决策咨询专报并上报。(3)推动多元主体已有培养、交流、继续教育,开阔视野资源,优化人才培训实操平台建设,完善陆家嘴人才培养系统等。

5. 平台周期:"十四五"期间,服务人才,按年递进

平台围绕"人才第一资源"分别在运行、提升、策源、智囊四方面,通过推进、健全、完善有效的做法,突出服务人才的鲜明特点。

平台遵循"按年递进"的实操导向,确立每年平台的完成目标,并细化年度目标,从明细量化的纵向递进、横向协进加以全方位提升、进步,保障浦东新区陆家嘴"十四五"金融规划的如期实现,实现人才资源的价值。

四、推进浦东新区陆家嘴金融引领人才工作的若干建议

1. 多方论证,推出"上海陆家嘴金融引领人才成长四元模型"

金融人才的集聚与金融中心的成长是相辅相成的,每一个金融中心都有着自己独特的发展历程,形成了各自支撑金融人才聚集的宝贵经验。上海经过跨越式探索和创新,有信心、有能力、有必要在多方论证基础上,提出具有示范引领意义的"上海陆家嘴金融引领人才成长四元模型"。

一是要不断提升人才运行前台的能级。陆家嘴具备了显著的平台优势,但距离愿景中的一流金融中心仍有差距。陆家嘴要进一步完善金融市场体系、产品体系、机构体系,不断强化全球资源配置功能,进一步提升人才运行前台的能级,为金融人才施展才华提供更加广阔的舞台。

二是要打通在职进修和发展生涯之间的通道。陆家嘴金融要借鉴中

国香港地区和新加坡等的金融人才成长经验,特别是中国香港地区金融人才发展的资历架构和"人力才干模型"制度,明确金融岗位级别与资历标准,以及资历之间的衔接阶梯,为金融机构筛选金融人才提供参考标准,为金融人才职业发展提供稳定的预期目标。

三是要发挥策源对人才资源的激励引领功能。在人才是"第一资源"理念的引领下,陆家嘴要对标引领区建设要求,大胆推进金融人才政策试点,落实人才特别专项,逐步提升金融人才专项的激励引领功能。

四是要更好地发挥智囊高台的资政启民价值。陆家嘴金融要发挥智囊智库的决策咨询功能,完善由国内外智库、陆家嘴高台智库成员、区域内金融人才集群组成的智库型高台架构,定期就金融人才发展交换意见,通过媒体等渠道发声呼吁,举办行业交流研讨会,向政府提交关于金融人才发展的建设性建议。

2. 推进落实,建立上海陆家嘴金融引领人才集聚成长的运作平台

上海陆家嘴金融引领人才集聚成长平台聚合了政府、产业、高校、科研、中介、监督、市场应用,该平台的建立有利于完善浦东新区金融人才协同发展和交流协调。

一是激发社会组织在金融人才引才、育才方面的积极性和主动性。人才的集聚既需要政府引导、市场主导,又离不开社会组织发挥桥梁纽带功能,平台助推海外金才、领军金才、青年金才重点金融人才队伍建设。

二是积极贯通金融人才全生命周期职业发展。在借鉴中国香港地区金融人才发展的资历架构和"人力才干模型"制度的基础上,平台整合全社会力量,推动金融机构、高校以及行业协会进行合作,打通人才培训、人才认证和人才晋升的通道,形成良好的用人机制,进一步完善市场化的金融人才培训体系,满足陆家嘴金融引领人才战略视野、创新理论、知识更新的需要。

三是聚焦人才战略发挥决策咨询作用。上海陆家嘴金融引领人才集聚成长的运作平台融入决策咨询等功能,为陆家嘴金融发展提供建设性建议,发挥决策咨询对陆家嘴金融发展的实际推动作用。

3. 提升固化,用好立法权保障金融人才发展

《中共中央、国务院关于支持浦东新区高水平改革开放打造社会主义现代化建设引领区的意见》提出建立完善与支持浦东大胆试、大胆闯、自主改相适应的法治保障体系。2021年6月,全国人民代表大会常务委员会作出了授权上海市人民代表大会及其常务委员会制定浦东新区法规并可对法律、行政法规、部门规章作出变通规定的决定。上海应积极运用立法权,对金融人才引进、培养、使用、激励进行顶层设计,使人才优先开发成为法定化、制度化、系统性行为。

一是坚持"两个导向",推动法规出台。上海应坚持问题导向和目标导向,通过立法保障上海国际金融中心在发展过程中的前沿性、敏感性领域进行大胆尝试,围绕金融深度开放、金融科技创新高地建设和全球资管中心建设等领域制定专门法规。《上海市推进国际金融中心建设条例》《上海市浦东新区促进新型研发机构创新发展规定》《上海市浦东新区专业领域境外人才从业若干规定》等政策对金融机构、金融人才产生了重要影响。国际金融中心建设条例建议设置人才专章,聚焦解决如何提升国际竞争力更好地吸引和集聚海内外高层次金融人才;如何填补在资产管理、金融科技、融资租赁等领域的较大人才缺口;如何建立有影响力的高层次人才行业资历认可和发展制度;如何提供更有效便利的全流程服务。对于专业领域境外人才规定,上海要聚焦解决外籍人才"一证通用"改革,建立浦东新区外国人才永居推荐"直通车"制度,逐步放开专业领域境外人才从业限制等突破性问题。新型研发机构创新发展要深化管理机制、用人机制、激励机制、创新机制改革,进一步激发创新活力,强化其科技创新策源功能和高端产业引领功能。

二是遵从人才资源配置规律推进立法。金融人才立法要注重发挥政府引导、市场主体、社会共治作用,人才流动必须坚持让市场发挥主体作用,同时通过政府有效引导和社会组织的共同参与,促进人才资源最大限度地优化和配置。金融人才立法还要注重前瞻谋划人才区域共享,人才流动是客观规律,数据显示人才流动的频率越来越高,范围越来越广泛。因此,立法应具有前瞻性,并考量高层次人才在区域内流动的需求和可能,使人才间形成良性竞争。同时,立法应平衡人才供需矛盾,优化人才资源配置,才能形成具有综合性和全局性的人才建设体系。

上海金融业支持科技创新的实践思考

一、资本市场支持科创稳步推进

截至2023年6月,上海创投引导基金和上海天使引导基金投资吸引培养了近200个专业投资团队,支持超过2 300家中小创新企业。在私募投资基金方面,截至2023年6月,上海在投项目18 985个,在投企业7 487家,在投本金10 374亿元,均位居全国前列。资本市场充分发挥科创板示范引领作用,成为"硬科技"企业上市首选地。上海积极完善"浦江之光"企业库和政策库,做好优质科创企业的挖掘和服务工作,切实提升了服务科创企业的能力。截至2023年8月,科创板累计上市企业达557家,累计首发募资额约为8 917.6亿元,总市值约为6.3万亿元。

上海股权托管交易中心(以下简称上海股交中心)作为服务中小微企业的私募证券市场,集聚地方金融要素的综合金融服务平台和上海市扶持中小微企业政策措施的综合运用平台,搭建"一市五板"以及私募股权和创业投资份额转让平台(以下简称份额转让平台),直接或者通过私募股权和创业投资基金服务包括科技创新企业在内的各类中小企业。截至2023年8月,上海股交中心挂牌展示累计服务企业12 276家,帮助企业实现股权融资1 876.99亿元,债权融资1 048.98亿元,其中股权融资量约占全国区域性股权市场股权融资总额的一半,挂牌的科创企业成长性大幅领先于同类市场。份额转让平台共成交50笔天使、创投、PE基金份额,覆盖中央企业、中央金融企业、地方国企、政府引导基金、民营基金、外资基金等多种所有制类型,成交总份额数为55.27亿笔,成交总金额为57.06亿元,完成份额质押18单,质押份数18.20亿份,融资金额为32.15

亿元。上海股交中心在解决科创型中小企业融资难问题方面发挥显著功能，培育了一大批具备较强竞争力的科技创新型中小企业，为上交所和深圳证券交易所输送上市公司21家，为新三板输送转板挂牌企业110家，入选"浦江之光"企业库147家，给上海实体经济发展提供了有力支撑。截至2024年12月，"科技创新板"（又称N板）已服务科技型、创新型公司超500家，融资满足率近100%，为上交所科创板的推出作了先行探索与试验。同时，N板通过汇聚联动政府园区、金融机构、专业服务机构、投资机构等市场资源为企业提供综合性金融服务，助推科技创新类企业实现了快速发展，为行业服务科创型企业实践提供了上海样板和实践经验。份额转让平台则通过为私募股权和创业投资基金提供退出渠道，释放了一批国有天使、创投等早期资本，再循环投资支持新的科技创新项目，在投企业同步获得资本接力，充分发挥了"投早、投小、投科技"的产业引导效应。截至2023年8月，35家投资基金在上海股交中心投资395次，共投资392家企业，投资金额共计237亿元。投资基金所投资企业中具有专精特新"小巨人"企业、专精特新中小企业、瞪羚企业、高新技术企业、科技"小巨人"企业、科技型中小企业标签的共计219家。其中，单家投资基金投资次数最高达38次，单次投资金额超过1亿元且次数高达12次，投资有效推动了金融与产业资本循环，探索打造科创私募股权基金聚集地、活跃地。

上海科创中心股权投资基金（以下简称"上海科创基金"）由上海国际集团牵头，联合国盛集团、上港集团、上海信托、国泰君安、张江高科等基石投资人，于2017年发起设立的市场化母基金，也是全国第一家以"科创中心"国家战略命名的母基金。上海科创基金目标规模300亿元，2023年管理规模超120亿元。为深入助力上海科创中心建设，上海科创基金确定了新一代信息技术、生物医药、先进制造、环保新能源四大行业方向，积极布局"双头部"（头部基金＋头部项目）策略，将母基金平台建设成为精准捕捉优秀科创企业的"超视距雷达"和"高灵敏探针"，重点支持符合国家战略、具有技术领先性和独创性、双循环格局下进口替代效应突出、具有独角兽潜质的科创企业，为提升上海科技创新策源能力积极贡献力量。

资本市场充分发挥自身特点主要有以下五方面做法。

1. 发挥私募证券市场核心功能,推动直接股权融资

上海股交中心通过引导中小企业进场规范,协助科创企业通过非公开股票发行,引入基金、上市公司、投资机构等A轮和B轮股权融资、定向增资、股权转让交易、股权质押方式获得质押贷款等股权服务,重点解决科技创新型中小企业融资难题,资本助力其高速成长。

上海国际集团(以下简称集团)通过自主权益类投资(股权直投)、产业基金直投、母基金投资等方式,积极布局头部企业、头部项目,带动各类资本聚焦上海,推动上海战略新兴产业发展,助推科技创新中心建设。在自主权益类投资方面,集团围绕科创领域核心赛道进行较完整的生态布局,突出集成电路、人工智能和金融科技等产业,对中电金信、兆芯电子等20多个在产业链中具有新型基础设施属性的项目进行了大金额或高股比配置。2021年1月至2022年12月,集团系统累计完成对科创企业的权益类投资达84.72亿元,占全部权益类投资54.66%,覆盖被投企业63家,单个企业资金平均支出为1.34亿元。科创领域投资项目主要分布在长三角地区,占比76.63%,其中上海股权直投金额52.25亿元,占比61.67%。在基金投资方面,集团聚焦生物医药产业、金融科技、数字经济和信创等领域,通过"母基金+直投"协同的方式,充分发挥基金在资源优化和整合方面的作用。截至2022年年末,集团通过基金直投方式在科创领域投资约256亿元,占基金直投总量75%。集团通过母基金投资(不含母基金直投)科创领域1358亿元,占母基金总投资98%。截至2022年年底,在上海科创基金投资组合中,国家级专精特新"小巨人"企业达57家,64家企业入选胡润《2021全球独角兽榜》;科创板上市企业55家,占科创板企业数量11%。长三角基金投资的67家企业已在科创板等资本市场上市或过会,28家已申报上市,121家被评为国家级专精特新"小巨人"企业。

2. 打造科创生态体系,强化对科创企业的孵化培育

上海股交中心通过股权托管确权登记、拓宽投融资渠道、深化资本市场培育等,高质量培育优质企业标的,促进重点企业并购重组,协助科创企业探索上市路径。上海股交中心先后推出"投界汇""产融荟"等投融资品牌路演平台,举办攀"登"资本、"融咨1+1""碳中和"等特色活动并固化形成市场特色,拓宽企业投融资对接渠道;开设"董秘资格培训班""金服学苑""资本运营训练营""科创沙龙"等标准化培训和"点S成金""董秘下午茶"、明"登"培训等多元化的资本市场活动,有效助力企业建立规范对接资本市场的意识。

集团结合上海各区重点产业发展方向,与各区政府部门、产业园区、高校院所保持密切协同,"培育"与"引进"并举,帮助优秀科创企业通过建立区域总部、设立研发中心、设立合资公司、分拆创新业务公司等方式扎根上海。集团通过产业引领、能力溢出、资源对接,推动"双向赋能",既支持传统产业转型升级,又助力战略性新兴产业及经济培育。

3. 聚焦服务专精特新,打造科创生态体系

上海股交中心以"上海专精特新专板"建设为立足点,搭建覆盖科创企业全生命周期的"中小微企业孵化培育、私募股权投融资、拟上市企业规范辅导"三大金融服务平台,创新推动对上海科创企业特别是重点产业体系科创企业服务。例如,上海股交中心联动银行探索投贷联动、股权质押、知识产权质押等上海区域性股权市场专属融资产品,鼓励私募投资基金与银行、融资担保、融资租赁等机构形成投贷、投担、投租、投债联动机制,联合上交所搭建上证路演中心等投融资路演平台,助推科创企业实现创新、高质量发展;示范引领股债权融资制度和产品创新,开展认股权综合服务试点,为认股权持有方或标的企业提供认股权委托管理服务、认股权与股权激励组合服务、认股权资产包服务、认股权与可转债组合服务及认股权发行服务,调动各类金融机构、产业园区、社会资本支持早期科技企业发展的积极性。

集团与国家级基金、科研机构、要素市场等主体合作,全方位、体系化助力科技创新企业发展。例如,集团与中国科学院控股有限公司开展合作共同设立投资基金,促进科技创新与科技成果产业化;上海科创基金联合上交所举办科创板对接会、生物医药科创沙龙等专题活动,搭建创投机构、被投企业与资本市场的沟通桥梁;集团出资400万元参与组建国家绿色发展基金管理公司,为国家绿色产业基金引领社会资本推动绿色技术创新助力,以更好地实现碳中和目标。

4. 聚力发展金融科技,助力金融和产业资本循环畅通

上海股交中心以区块链基础技术架构为纽带,以大数据为核心驱动力,积极利用金融科技丰富传统的服务产品和服务方式,打造创新应用场景的数字化转型发展思路。例如,上海股交中心率先实现"区块链＋股权市场"创新应用,自建"股易链",与中国证券监督管理委员会监管链2.0完成数据对接,签约大数据普惠金融应用2.0,在行业内第一个搭建大数据应用智能风控体系,实现全市场业务数据上链,重新构建区域性股权市场信用体系。上海股交中心丰富"区块链＋"应用场景,为科创企业精准画像,集聚政策及市场资源、产业资源,为企业估值、并购重组、产业整合、投融资对接等提供数据及信用信息支持,真正提升普惠金融服务科创质效。

上海私募股权和创业投资份额转让平台在基金份额国有权益转让、评估与估值管理、份额质押登记权限立法、运用大数据技术防控基金份额交易风险等方面有所创新,并成立了全国第一个S基金联盟——"上海S基金联盟",该联盟推出了"爱私基摩"私募股权和私募基金份额报价平台,为私募基金提供份额报价服务,旨在通过该平台更大程度地发挥S市场功能,将S市场的买卖双方引导集聚,进一步提升S市场参与者的信息交互效率。上海私募基金份额平台拓宽了基金份额退出渠道,为国有基金份额的退出提供了有效路径,初步建立起了基金份额转让市场生态体系。

5. 以创新推动资本市场服务科创企业

科创债是资本市场服务国家创新驱动发展战略的重要举措,上交所建立了覆盖融资辅导、受理审核、发行上市等全链条业务环节的科创债专门服务团队,为科创债项目落地提供专业支持与指导。上交所初步形成科创债一二级市场联动机制,将优质企业科创债纳入信用债基准做市券,提高科创债二级市场流动性,降低融资成本。通过路演等方式,协助中央企业发行人对接与期限需求匹配的中长期资金。

二、科技信贷融资服务持续优化

科技型企业贷款存量户数和贷款余额持续增长,政策性融资担保支持力度不断加大,研发贷、人才贷等市场化科技信贷产品不断推出,高企贷、科创助力贷、"小巨人"信用贷等政府支持的科技专属产品持续完善，在临港新片区试点推出科技企业员工持股计划和股权激励贷款。

在支持科创企业的工作中，银行业坚持打造具有银行特色的科创金融体系，主要通过以下三个方面持续发力。

1. 打造专属信贷产品，服务科创型企业全生命周期

2023年7月，人民银行上海总部创新推出"沪科专贷""沪科专贴"科创专项再贷款再贴现，引导金融机构优化对科创属性强的小型微利、民营类科创企业的信贷支持。截至2023年10月月末，人民银行上海总部已发放专项资金254亿元，惠及科创企业3 300余户，高新技术企业占比近九成，支持百余户科创企业首次获得贷款。"沪科专贷"支持的贷款加权平均利率为3.72%，较同期支农支小再贷款支持的贷款加权平均利率低0.14个百分点，较2023年10月上海市新发放普惠小微贷款加权平均利率低0.37个百分点。金融机构对纳入"沪科专贴"支持范围内的科创类票据，在贴现时平均给予0.08个到0.15个百分点的贴现率优惠。

交通银行上海市分行自科技金融专班成立以来，相继推出"研发贷""人才贷""创融贷"等科技金融产品，改变过去"重抵押、重资产、重财报"的传统思维，针对性满足科创企业信贷需求。2022年12月，交通银行上海市分行经总行授权，开展上海市分行科技型企业异地子公司（项目）白名单管理创新试点，加强对科创龙头向外地进行技术输出的支撑。截至2023年上半年，交通银行上海市分行异地白名单一类试点企业已完成申报4家，二类试点企业完成申报3家。2023年1月交通银行上海市分行正式上线并推广科技e贷线上产品，对满足重点人才创业、优质投资机构入股等条件的优质科创企业给予更高额度支持，该产品成为园区营销的有效手段。

浦发银行首创"热带雨林"式全生命周期科创企业服务模式，针对"高大乔木"类企业（行业龙头、上市公司、政府园区），"重点苗木"类企业（拟上市企业、专精特新"小巨人"企业、高新技术企业、成长型潜在独角兽），"茂密灌木"类企业（小微企业、行业上下游、个人），精准提供专属信用贷款产品。针对拟上市企业，为全力支持科创板建设，浦发银行于2020年推出了"上市贷"产品，聚焦科创板重点领域，对于集成电路、生物医药等重点行业,弱化财务指标要求,贷款期限最长可至三年,充分支持硬科技企业发展。针对科技"小巨人"企业,浦发银行于2011年首创了"科技小巨人信用贷",针对上海市科技小巨人项目及培育企业,首贷可给予500万~1 000万元的信用贷款,续贷额度可逐步放大,最高单户授信额度提升至8 000万元,进一步匹配高成长科技企业的发展资金需求。针对专精特新企业,浦发银行推出"专精特新企业服务方案",为专精特新企业提供专属信用贷款。针对科技型中小企业,浦发银行与上海市科学技术委员会、上海市科技创业中心合作"科技履约贷"以及"科创助力贷",采用风险共担机制共同服务科技中小企业发展。针对初创期的科创企业,浦发银行推出创客贷产品,既可以给个人贷款,又可以给小微企业贷款,打破了银行传统授信评价模式,银行主要依据创业者的个人履历、团队经验、技术含量、外部认证等评价维度,给予创业者小额信用贷款支持。

2. 整合多方资源,共建科创金融生态圈

交通银行上海市分行和浦发银行依托"政府、园区、投资机构、集团兄弟单位、投贷联动等",服务培育优质科创小微企业。

第一个着力点是"政府"。

交通银行上海市分行整合内外部政策,梳理知识产权质押融资业务流程,形成并下发《知识产权质押融资业务指南》。同时,交通银行上海市分行联合相关部门,研究如何在最高额质押标准化合同中,加入知识产权质押模块,为业务开展提供便利。

浦发银行通过搭建上海市科学技术委员会、上海市科技创业中心渠道,加强企业识别和产品创新,有效配合政府的重点产业方向,联合上海市科学技术委员会共同设计开发小巨人信用贷、科技履约贷等产品。

第二个着力点是"园区"。

交通银行上海市分行科技金融专班聚焦重点科创园区,于2023年上半年量身定制并下发《交银科创"园创计划"服务方案》及其宣传册和折页等宣传物料,为全行服务重点科创园区、营销园区渠道提供交流工具,同期完成了53家重点科创园区走访全覆盖。交通银行上海市分行为提升重点科创园区营销聚焦度,进一步提升营销效果,主要经营单位各选定了一家重点科创园区开展重点攻关。

浦发银行也同样围绕各大科创园区,批量式引入科创企业,同步做深做透园区和企业金融服务。

第三个着力点是"投资机构"。

为深化与私募股投机构的实质性合作,2023年交通银行上海市分行开展了交银科创"金创计划"。一是以差异化服务锁定竞争优势。交通银行上海市分行联动创投机构,开展科创企业互荐,为存量科创企业提供股、债、贷差异化赋能的同时,建立优质获客渠道。二是以创投资讯赋能科金展业。交通银行上海市分行引入第三方数据服务商,获取重点投资机构清单和投融资事件清单,为经营单位营销科创企业及创投机构提供数据支撑;获取政府类投资机构和头部产投机构清单,整合形成交通银行LP企业库,对接机构募资需求。三是开展"创投机构项目制"试点落地,深化创投机构合作内涵,与东方富海开展合作试点,同时与信达资产进行深度合作。截至2023年6月,专班累计同子公司举行28次业务交流会,共向子公司推荐了60多个股权投资标的,子公司寻求分行联动项目3个,实现14个快易租项目投放落地。

浦发银行与PE/VC合作,依托PE/VC在筛选早期创业企业时的专业眼光,共同为科技创新提供金融服务,并积极开展投贷联动。

第四个着力点是"集团内兄弟单位"。

浦发银行依托集团内浦发硅谷银行、自贸区分行、海外分行以及浦银国际、信托、基金、租赁、理财等兄弟单位资源,在并购、跨境、债券融资等方面,打造股债贷、离在岸、境内外一体化的综合金融服务模式,满足科创企业各类金融需求。

第五个着力点是"投贷联动"。

浦发银行积极发挥投行业务优势,通过联合券商、交易所等机构,为科创企业配套债券融资工具发行额度,助力企业进行直接融资;通过并购贷款业务,积极支持先进制造业优势企业开展兼并重组;开展股权项目撮合服务,为企业寻找合适的投资人,提供被并购标的及咨询服务。浦发银行还积极为拟上市企业提供上市路径规划、券商持续督导等服务,发挥培育企业的桥梁功能,实现企业从天使轮融资、AB轮融资、Pre-IPO直至上市的全流程保驾护航,以激发科创企业的最大潜能。

3. 完善体制机制,全面支持科技金融服务落地

第一,建立专营的组织架构。

交通银行上海市分行实行科技金融专班实行派驻制,搭建"前台行业研究市场拓展＋中后台派驻审批＋股权投资营销"的组织架构,下设行业研究与市场推广中心、股权投资营销中心、审批中心和下沉拓展团队。专班配置专业化的前中台队伍,其中前台团队硕士生占比达100%,博士生占比达20%,多人具备相关理工科学业背景,并且按照行业对队伍进行划分,深耕生物医药、集成电路、新材料等赛道,针对赛道的国内外发展格局、政策导向、赛道特点、重点产业链、核心企业情况展开密集行业研究。此外交通银行上海市分行还采取了高聚焦度的市场拓展模式,对行业有了较深刻的理解、对企业有了较清晰的认知,为科技类企业的营销与服务提供技术保障。

浦发银行形成总分支一体共同推动科创金融业务发展的科创金融经营模式。总行和分行层面均设立了一级部门普惠金融部(科创金融及乡村振兴部),牵头推动科技及小微业务。分行层面建立了前中后台一体的体制机制,融合了前台营销推进、中台产品企划、后台授信审批等职能,能够快速响应市场需求。支行层面,通过网点优化和服务升级,加速科技业务的发展。

第二,强化科技金融考核激励。

2023年,交通银行总行提出网点综合化转型要求,强化科技金融服务触点,解决科技金融人才不够、网点不强、扎根不深的问题,分行开展"星创计划",聚焦上海市重点区域,设立12家科技特色支行,并采取赛马制考核,提升科技特色支行展业积极性。截至2023年6月,在分行考核口径下,特色支行科技金融贷款余额100多亿元,贷款户数较年初净增80多户,较2022年年初增长28%。

浦发银行明确科技金融发展目标。在经营机构层面,浦发银行对科技金融进行科技贷款日均、科技贷款发放以及客户数的考核;在营销人员层面,浦发银行设置专项科技金融业务竞赛奖励,业绩计算到人,对于政府给予分行的在科技金融领域的奖励资金,全额补贴给客户经理。

第三,建立专职科技金融授信审查机制。

交通银行上海市分行科技金融专班在贷前环节,采取专班协同经营单位尽调模式,充分发挥专业化和机制优化效能,大幅提升客户亲和度,精准触达企业需求;在授信环节,交通银行上海市分行通过"打通公司、普惠条线审批分割""每周一次预审会"和"制定标准化科创授信申报模板"等举措,提高授信审批效率;在贷后环节,基于科创企业特点,归纳贷后或有风险,形成科创企业贷后模板,提高风控力度,打造风控闭环。

浦发银行针对科技企业特性,制定专门的审查审批模板、差异化的授信准入机制、专项的赛道授信指引,并配套敏捷审批机制,有力保障审批效率和资产业务质量。

第四,注重专业人才队伍建设。

交通银行上海市分行以"科技专业化"为突破口,以能力提升为基本目标,培养专业化服务队伍。一方面聚焦上海"3+6"重点赛道,开展行业研究,形成行业指南,常态化开展科创产业培训,并在培训中加强实战举例和效果展示,向全国交通银行体系开放,2023年上半年,交通银行上海市分行科技金融专班共开展各类行业及业务培训37次,累计参与人数2837人。另一方面聚集前中台优秀人才,收集相关行业重点名单并开展集中攻关,成立重点行业攻关小组,实时分享产业资讯、提供营销支撑。

浦发银行分行层面的核心人员在科技金融业务推动、产品创新、科技信贷审批等领域的工作经验丰富、专业能力强。支行层面,除了科技支行和科技特色支行项目,每个支行均设有科技金融团队或者科技金融专岗,带动科技小微业务在支行的推广,同时,分行每年均组织分层分类的专业培训,鼓励新进员工从科技小微业务开始入手,提升专业水平。此外,2018年浦发银行创立了"创想家智库"科技金融俱乐部,组织行内员工进行课题研究、专家培训、企业走访、成果展示等多类型活动,不断提升专业化能力,储备科技金融后备力量。

三、科技保险风险缓释作用持续发挥

全国18家财产保险和再保险公司在临港新片区设立中国集成电路共保体,为集成电路产业"量身定制"全面创新风险保障方案,截至2023

年6月,中国集成电路共保体已为19家集成电路企业提供保险保障共计1.9万亿元。首台(套)重大技术装备保险承保项目涵盖ARJ21飞机、船舶制造、智能发电设备、工程设备等重点领域,累计提供风险保障873亿元。科技企业创业责任保险、生物医药责任保险、普惠版网络安全保险、知识产权交易保险等科技保险产品不断完善。

其中,建信人寿依托国家战略性新兴产业发展基金及国家制造业转型升级基金股权投资计划等"拳头"项目支持科技创新和产业升级,截至2023年9月,存量余额37.78亿元。建信人寿在金融科技方面依托建行集团资源优势,结合保险行业特点,启动"新一代"保险业务系统建设。"新一代"保险业务系统的保险服务更智能、服务响应更迅速,主要反映在以下方面:核保核赔走向智能,对客户健康指标、既往病史、标的产品等指标进行分析,辅助人工核保核赔;形成产品上线装配能力,将产品、渠道、运营、财务、风控等2 000多个设置项目参数化,将新产品开发上线的时间从月缩短到周;创新保障信息呈现方式,引入银行账户管理理念,将客户分散的保障权益和投资收益信息集中起来,形成保障全景图,从技术上实现了从"以保单为中心"到"以客户为中心"的转变。

知识产权保险作为知识产权金融的重要组成部分,发挥着拓展融资渠道、提供风险保障的双重作用。中国人民财产保险股份有限公司(以下简称人保财险)上海分公司已为13家中小型科技企业累计提供了3 150万元的融资保障,提供知识产权相关保险服务300余起,保险金额超1亿元。在助力企业提质增效方面,人保财险上海分公司研究开发了"质押融资保证险+侵权责任保险"的"双保单"业务模式,提供侵权责任保险服务,保护企业专利,降低企业经营风险,在为企业解决融资困难的同时,提升了企业的维权能力。

四、上海普惠金融顾问制度持续推进

上海金融业联合会(以下简称联合会)切实发挥平台作用,认真推进普惠金融顾问制度(以下简称制度)落实落地,将"打通渠道、做实服务"作为落脚点,扎实推进平台建设、制度推广、服务对接等工作,持续推动制度落实落地。

1. 加快推进线上平台与线下枢纽的建设工作

联合会已与徐汇、静安、普陀、金山、长宁、嘉定、闵行7区建立普惠金融顾问枢纽，同步推进崇明、浦东、黄浦等区的准备工作，以"赋能中心城区、协同五大新城、带动崇明两山"的工作模式，为区域经济发展提供差异化的专业服务支撑。联合会不断优化普惠金融顾问综合服务平台，实现网页端、小程序、市政府"一网通办"三端运行、线上问诊与线下会诊同步服务，与线下枢纽紧密协同，持续提升普惠金融顾问服务的覆盖面。

2. 广泛开展普惠金融顾问服务对接

依托服务枢纽，联合会开展徐汇区、普陀区、静安区、金山区、闵行区对接会，服务企业近百家。联合会依托"政会银企"四方合作机制，动员试点金融机构开展各类政策宣讲、服务对接活动近百场。联合会组织普惠顾问走进中境智能、镜洲投资、德研电科，为实体企业经营发展出谋划策，对接投融资服务需求。

3. 积极开展试点金融机构动员及宣讲

联合会发挥大型金融机构示范引领作用，在组织召开普惠金融顾问工作推进会的基础上，深入试点金融机构开展专题宣讲，推动制度与普惠金融业务深度融合。

4. 探索打造枢纽运营模式样板

联合会协助上海市科技创新中心建设办公室（2024年4月已永久下线）、协助张江园区在张江科学城探索建立一站式服务中心，发挥联合会组织协调职能，以核心机构牵头、顾问团队轮班、线上平台预约、线下服务对接的闭环模式，将普惠顾问服务输送至区内企业，探索解决初创期企业融资难问题的实施路径。

金融与智力融合联动，赋能产业创新与增长

一、产业创新的意义

在联合国公布的 41 个大类、207 个中类、666 个小类的所有工业制造业门类里面，中国是全球唯一一个全覆盖的国家。2010 年，我国制造业的增加值就已经达到 19.8%。到 2020 年，我国制造业的增加值更是高达 28%，遥遥领先于其他国家和地区。

产业要想持续实现增长，有两条路线可以选择，一是向上迁移，即不断地推陈出新，通过升级转型，持续满足需求，甚至是创造需求。二是横向拓展，即进入未曾开发的新市场，如国货出海就属于这种类型的增长。

但事实上，无论是哪种增长模式，都离不开创新。

向上迁移，意味着通过各种新技术（既包括科学技术，又包括设计思维与方法），在品牌、产品、服务、商业模式等多个维度实现跃迁，不断创造全新的顾客体验，从而占据竞争主动权，并持续提升产业附加值，拓宽产业的渠道。例如，新能源汽车相对于传统的燃油车，再如高端化、智能化的新能源汽车相对于普通的新能源汽车，都离不开创新。向上迁移需要创新，横向拓展也需要持续不断地创新。

二、创新的本质

最常被提及的创新是科技创新和商业模式创新。

所谓科技创新，通常指企业加大研发投入，推动科技成果转化和应用。

所谓商业模式创新，通常指的是企业对商业实践模式的重新设计，例如，通过数字化转型，采用电子商务、移动支付等方式，改变其传统的销售

模式;采用订阅模式,吸引付费会员,改变收费和定价模式,从而实现收入的稳定化。

毋庸置疑,科技创新和商业模式创新是产业创新过程中非常重要的环节,某些时候甚至很难和创新区分开来,看上去似乎就是创新本身。但我们深入思考后就会发现,这两者并非创新的根本原因。在它们背后,还有更根本的驱动力量。

以第一次工业革命为例:

1765年哈格里夫发明珍妮机。而哈格里夫之所以发明珍妮机,最根本的原因是源于印度和中国的棉织物,"由于其柔软舒适、易于染色""一经传播便推动了英国的服饰消费革命"——"1687年,东印度公司报道说'各种印花布已成为最高贵女士们的商品,她们将它穿在睡衣和宽松的大衣外面,与天鹅绒和金绒锦挂在一起'……'那些过去满足于坚硬厚重而又单调的毛织物的妇人们,如今一个个都化身为用色彩斑斓的印度棉织物装扮自己的优雅淑女'……引发消费者对棉织物狂热的另一魅力则在于价格的诱惑,日薪15便士的劳动者工作两周后便可购买两丈棉布。"[①]

为了满足英国本土消费者对棉织品日益旺盛的需求,众多工匠和发明家致力于提高纺纱机的效率,哈格里夫便是其中之一。哈格里夫发明的手摇"珍妮机"后来逐渐被水力纺纱机取代,但很快水力纺纱机又无法满足工场主的需求了。纺纱工场主的需求刺激了蒸汽机的发明。蒸汽机在纺织业的广泛应用推动了煤矿业的发展(蒸汽机需要烧煤),煤矿业的发展反过来又推动了蒸汽机的持续优化和改进(煤矿开采需要用更好的蒸汽机抽出矿井里的积水),煤炭和蒸汽机一起带动了汽船和火车的发明……最终,机器生产取代了手工劳动,工厂制度出现,工业资产阶级和工业无产阶级由此产生。

科技创新和商业模式创新并不是创新的根本原因,而只是创新的外在表现或手段。绝大多数创新都以市场需求为支撑和驱动,反映的是广大消费者对更美好生活的追求。创新都应回归市场,脱离市场的创新是

---

① 杨松,马瑞映.内驱与统合:英国棉纺织工业的发展及对全球体系的影响[J].世界历史,2018(9).

不可持续的。

三、中小企业关于创新的痛点

围绕创新与增长主题,2023年,上海浦东新区金融促进会联合上海博歌达企业管理咨询有限公司针对全国数百家中小企业进行了一次较为深入的调研,试图揭示现阶段中国企业在创新方面遭遇的困境、痛点和需求。

该项调研覆盖了全国数十个不同层级的城市,既包括上海、北京这样的一线城市,又包括中西部的县镇和乡村。行业方面,调研涵盖了农产品、食品、服装、医疗、养老、文化娱乐等与民生密切相关的行业。企业规模从年营收500万元至1.5亿元不等。访问对象均为企业主、大股东或核心高管。

研究显示,中国中小企业在创新方面同时面临着内外部的挑战。

1. 外部冲击

第一,现实的生存压力。

70%的企业没有实现2022年年初的经营设想。研究发现,70%的企业在2022年完全没有或只部分实现了年初的设想和规划。其中有6%的企业表示2022年企业经营非常困难,完全没有实现年初的设想和规划。完全没有实现2022年年初的设想和规划的企业比例在长三角区域更是高达15%,见图2-1。

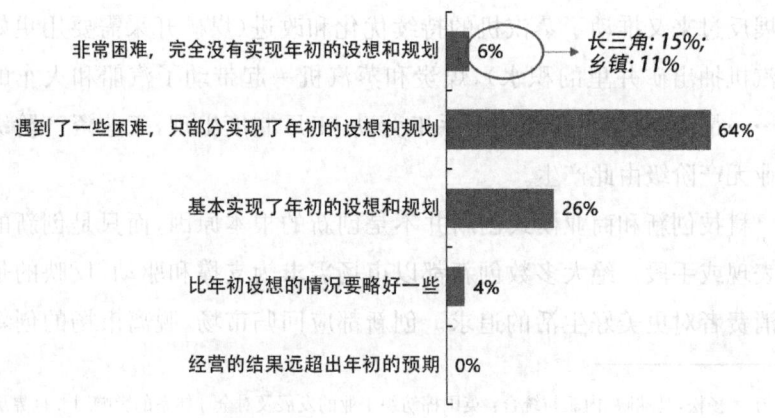

图2-1 2022年企业经营状况

2022年的企业收入和客户数量相比2021年都出现了较大幅度的减少。与没有实现经营规划企业相对应的，2022年有70%的企业收入相比2021年减少了10%～20%，甚至还有少部分企业（4%）减少了30%或更多。同时，有58%的受访企业表示客户数量在2022年出现了减少或没有增加，企业2022年与2021年收入对比见图2-2。

客户减少和收入降低是大多数企业面临的现实困难，企业获客情况见图2-2。

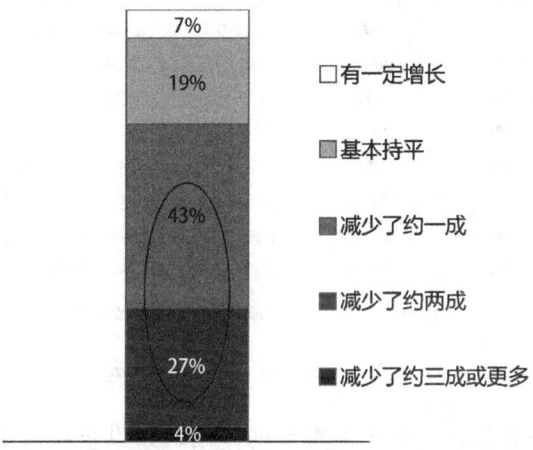

企业2022年与2021年收入对比

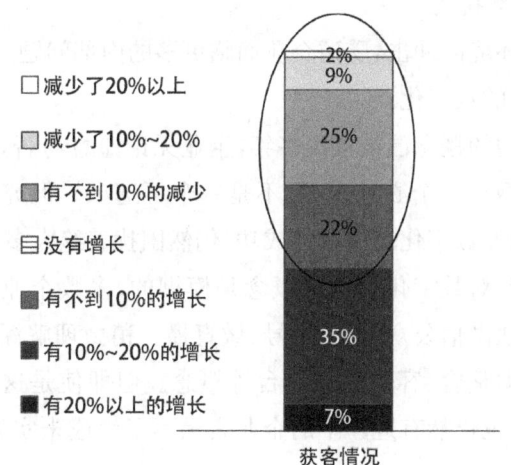

获客情况

图2-2 企业获客情况

第二,不确定的未来——信心不足。

其中,企业家们最关心的是国际形势,仅有25%的受访企业认为2023年会比2022年更好。对于中小企业的总体发展环境与机遇、企业所处行业的整体发展前景、企业的盈利前景,分别只有27%、28%和29%的受访企业表示2023年会比2022年更好,见图2-3。

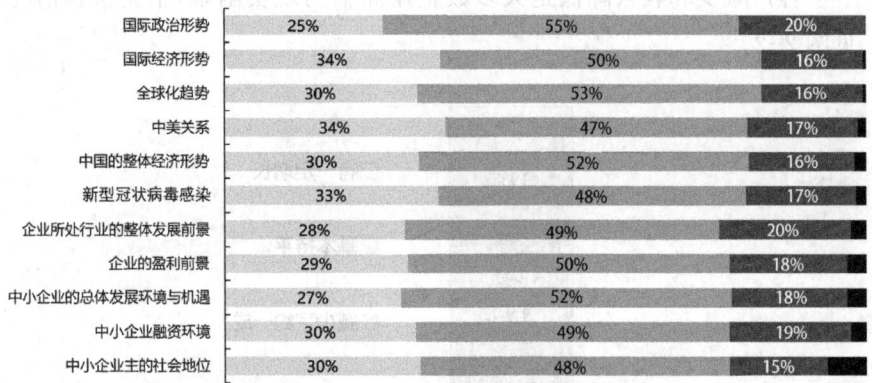

图2-3　企业对2023年的看法

信心对企业创新有着至关重要的作用。如果企业对未来缺乏信心,其创新方面的投资必然会受到限制。

2. 企业内部挑战

除了外部环境的冲击,受访企业面临更多的内部问题。

第一,茫然的数字化。

数字化转型的概念已被提出多年,企业无论愿意与否,都已经深刻意识到数字化转型是一个必选项,而不是一个可选项。但究竟如何进行数字化转型,并确保数字化转型取得成功,仍然困扰着绝大多数企业。

大多数企业对数字化转型的概念是模糊的,多数企业把数字化转型简单理解为开通微信公众号、抖音号、做直播。稍微理解深刻一点的企业会提到客户数据整合、客户数据平台等概念。但即使是这些颇为浅层次的数字化工具,也仍然有近一半的企业表示不了解或未实施,企业数字化转型情况见图2-4。

在这背后隐藏的问题是企业既没有完整的数字化转型战略,又没有

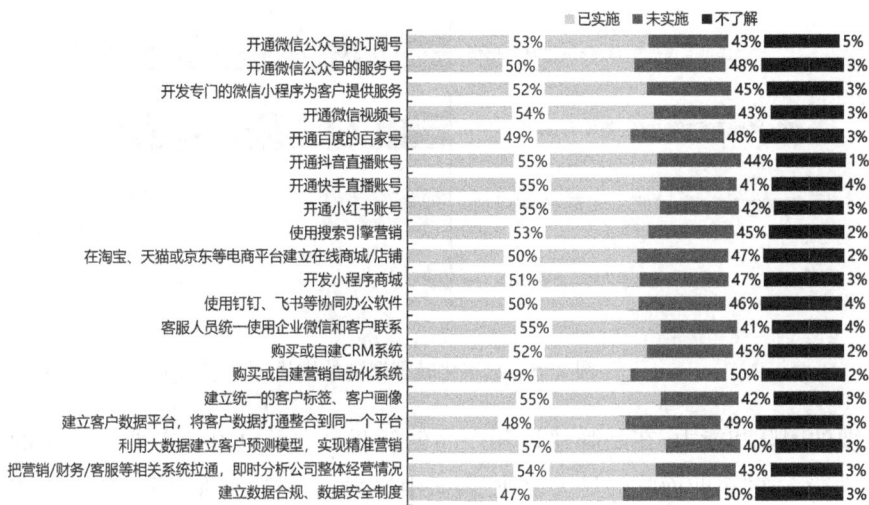

图 2-4 企业数字化转型情况

执行数字化转型的专业团队,只能从事零打碎敲式的尝试。

对多数企业来说,数字化转型其实是一场不清楚收益,也不清楚路径的"盲盒游戏",即不清楚收益,不确定要不要组建专业的团队;没有专业的团队,不知道数字化转型的正确打开方式。

如图 2-5 所示,78% 的受访企业提到公司没有数字化转型专业团队和没有完整的数字化转型战略,仅 31% 的企业认为缺乏足够的资金是数字化转型中遇到的主要挑战。换言之,在数字化转型过程中,企业其实真正缺少的不是资金,而是专业的团队和完整的策略。

第二,品牌建设能力。

市场环境已发生变化,数字化又导致了市场的高度长尾化、碎片化。线上和线下消费场景及消费路径互相穿插、交织,构成了与以往截然不同的消费与购物图景。

企业源于快消行业、依赖稳定社会结构的传统品牌建设方法,面对不确定的人群和市场需求也深感力不从心。与此同时,产品创新和销售方式也发生了巨大变化,各种新渠道层出不穷,多渠道的建设与管理成为企业必须要解决的问题。

面对全新的市场,众多企业除了在数字化转型这个热门领域缺少必

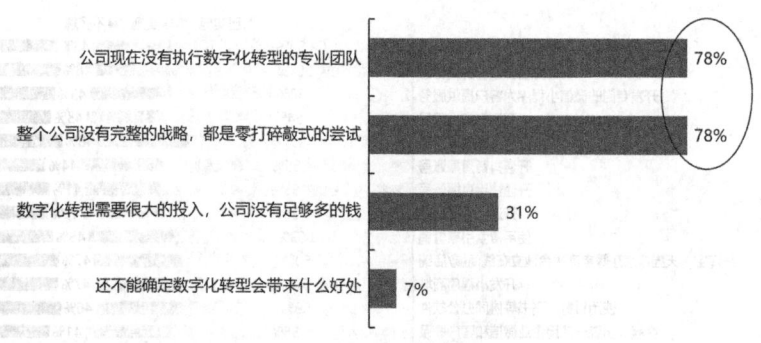

图 2-5　数字化转型遇到的挑战

要的团队和能力,在品牌建设和产品创新两个方面也迫切需要全方位的支持。在"企业面临的最大挑战"调研中,44%的受访企业选择了"不知道如何建立品牌",40%的选择了"产品研发能力弱",而"资金困难"仅排在第三位,企业面临的最大挑战见图 2-6。

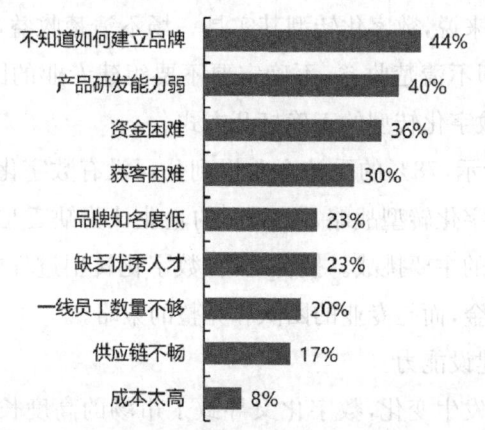

图 2-6　企业面临的最大挑战

换言之,相比资金,品牌建设和产品创新能力才是企业最需要支持的方面。

大多数企业不知道如何建立品牌的结果就是对自己目前的品牌知名度不满意。超过 60% 的受访企业认为自己的品牌知名度比较低或者一般。

金融与智力融合联动，赋能产业创新与增长

企业不知道如何建立品牌的原因，是没有足够的资金进行推广和缺乏高效的品牌管理团队，见图2-7。

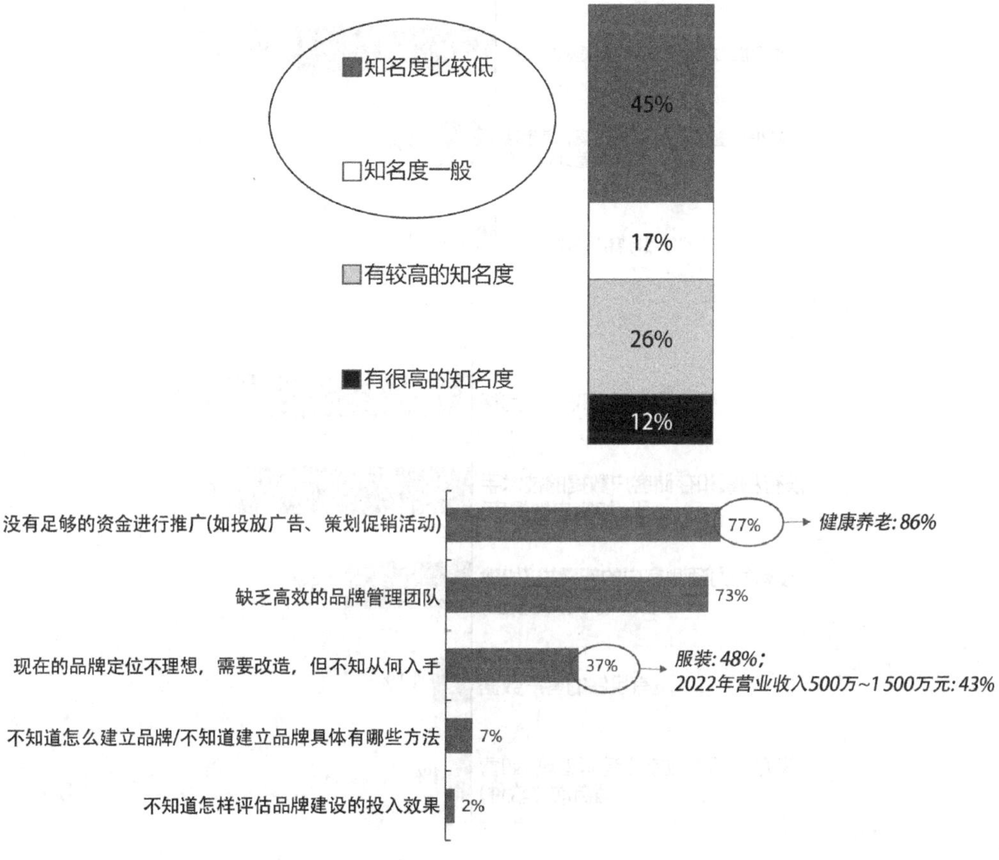

图2-7 品牌建设相关问题

事实上，没有足够的资金进行推广本身并非真正的问题。真正的问题是企业找不到目标客户，92%的企业认为"广告营销活动无法有效触达目标客户"，71%的企业认为"没有能力制定高水平的营销获客策略"。另外，还有少部分企业表示"缺少合适的营销平台或工具，营销活动管理销量低""搞不清楚目标客户的需求特征"，见图2-8。

与获客困难相伴的，是客户数据的整合与利用水平低，约69%的企业认为自己的客户数据不准确、不完整，企业落客方面遇到的挑战见图2-8。

107

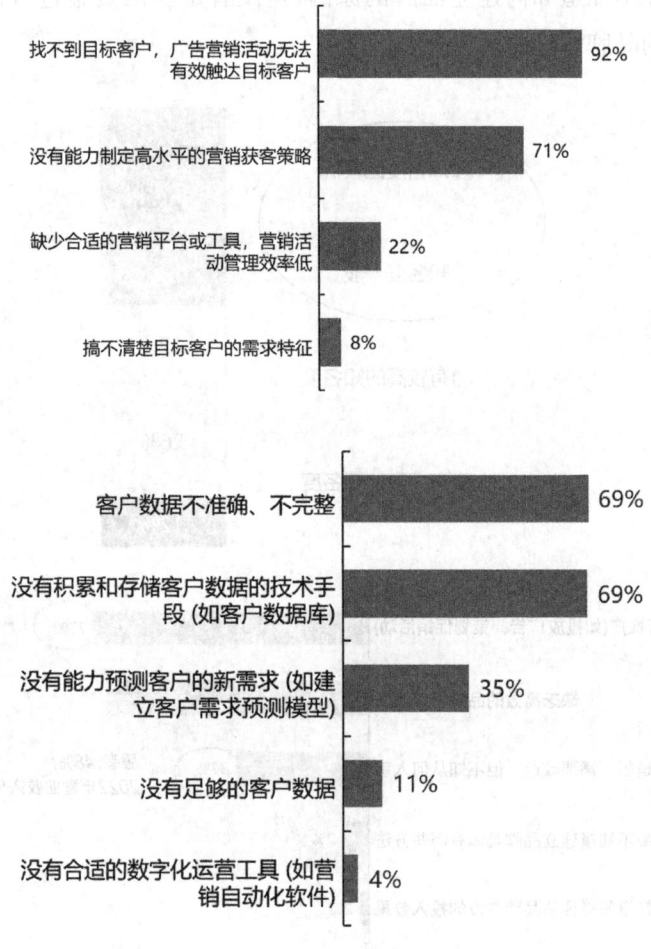

图 2-8　落客方面遇到的挑战

总而言之,没有专业的品牌管理团队和缺乏必要的客户数据底座,是大多数企业在品牌建设方面遇到的主要问题。

第三,产品创新能力。

在产品创新方面,不同的行业有不同的需求。服装行业关于产品创新的最突出需求是重新设计产品,市场瞬息万变,潮流更迭越来越快,传统的服装设计理念必须更新;高度同质化的农产品则迫切需要确定差异化定位和寻找爆点;养老行业则希望通过重新设计服务流程来提升客户体验;文化娱乐行业则对预测市场趋势并基于市场趋势开发新产品新服务有着强烈愿望。

不同的创新需求背后有着相同的创新问题：与缺乏高效的品牌管理团队类似，在产品创新方面，83%的企业表示没有/请不起专业的产品服务创新团队，18%的受访企业表示没有掌握能提高产品和服务创新成功概率的科学方法，产品和服务创新遇到的挑战见图 2-9。

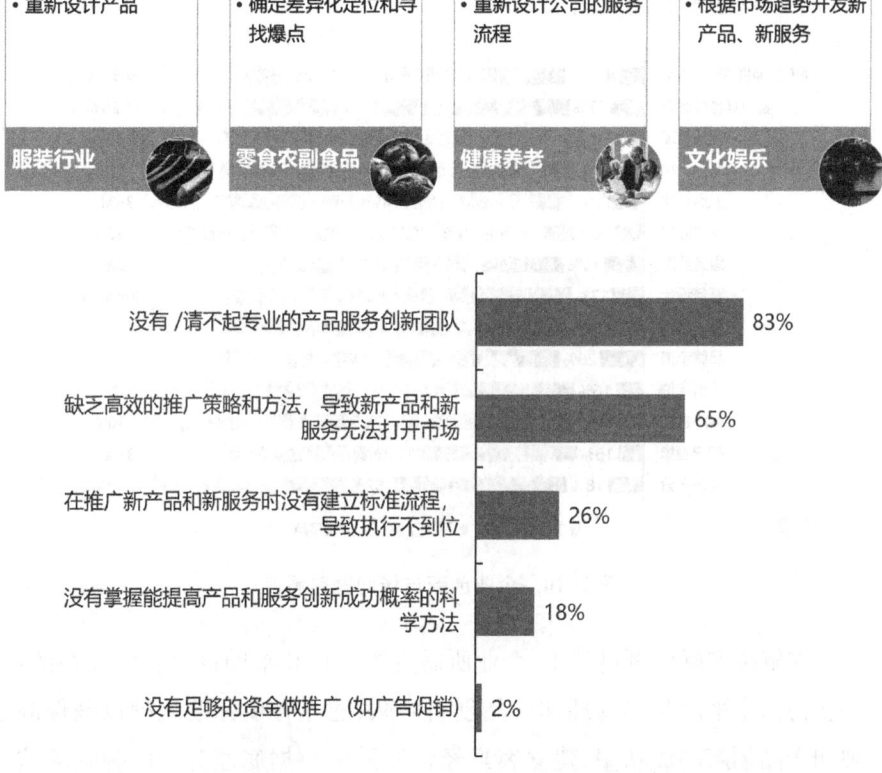

图 2-9　产品和服务创新遇到的挑战

除此之外，企业缺乏高效标准的新产品推广策略和流程也是一个很大的问题。

产品创新的基础是市场洞察，但高达 83% 的受访企业因为缺乏必要的经验、能力和系统性的方法，只会在创新前做一些非常简单的调研。

超过 70% 的企业对各类创新增长工具、模型不了解或完全不了解。

四、尝试与探索——金融与智力融合联动,赋能创新与增长

和政府偏宏观的视角不同,企业不会谈论抽象的产业创新。企业的创新都是围绕着实实在在的市场问题进行的,如怎样获客、怎样建立有吸引力的品牌、怎样进行高效率与高收益的产品研发、怎样克服外部环境的不确定性等,这些偏微观的问题是驱动企业进行创新的现实原因。企业创新市场问题熟悉度见图 2-10。

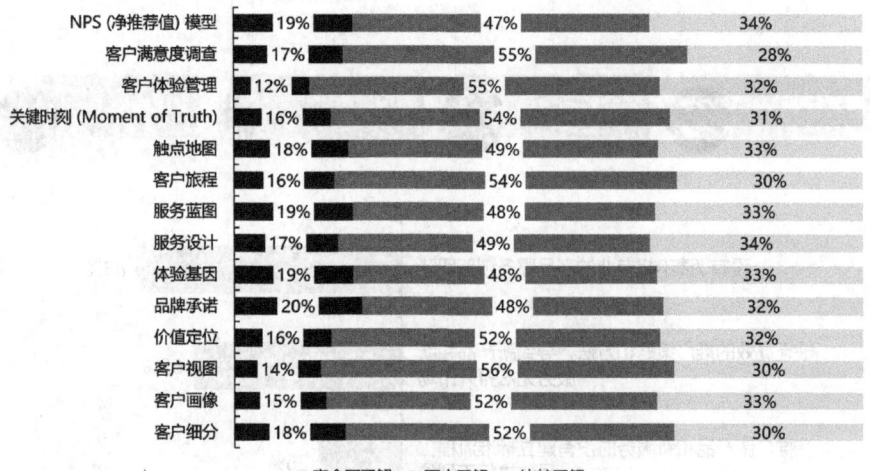

图 2-10 企业创新市场问题熟悉度

在解决实际问题过程中,企业所需要的支持和帮助也是实实在在的,如获得高水平的品牌管理和产品创新团队、建立各项标准流程以确保品牌和产品创新的成功率、建立客户经营所需的数据底座等。因为缺乏这些能力,过去大多数企业的大部分创新都是以失败告终。

创新离不开资金,技术创新、产品研发、市场拓展等都需要资金。金融资本的注入可以帮助传统产业进行技术改造、产品升级、提高市场竞争力,也可以推动新兴产业的发展壮大。围绕着产业创新,国家也出台了许多金融扶持政策,如创业投资基金、贷款支持、担保和保险、税收优惠。除了政府,市场上也有数量庞大的风险投资机构为创新型企业提供资金支持。

但前文的调研也清晰表明,企业关于创新资金的需求并不是单独出现的。确切地说,企业创新仅仅有资金是不够的,企业创新更需要的是品牌建设、产品研发、数字化转型、数据底座建设等及时响应市场需求的能力。企业是否具有这些能力,才是实现成功创新的关键。

在这一背景下,80%的企业表示自己并不希望直接接触投资人,而是更希望对接第三方融资顾问。企业规模越大,这种意愿就越强烈。

企业之所以更愿意和融资顾问而非直接投资人接触,是因为企业认为融资顾问作为相对独立的第三方,会协助甚至带领企业对自己的战略规划、市场问题、潜在能力等进行客观的梳理,这些梳理比单纯的投资更有价值。企业对多方位扶持的渴望超过了其对资本的渴望。81%的企业希望为其对接尽量多的融资顾问(融资顾问本身不投资,但协助企业向投资人申请融资)。47%的企业希望能为其提供融资知识、融资技巧有关的培训和辅导。46%的企业希望为其对接尽量多的投资人(可以直接投钱的个人或机构)。5%的企业希望为其制作包装融资计划书/商业计划书。企业想要的是能多方位提供帮助的资本,而不是只有资金的资本。企业希望在风险投资、股权投资、融资顾问等方面得到的帮助见图2-11。

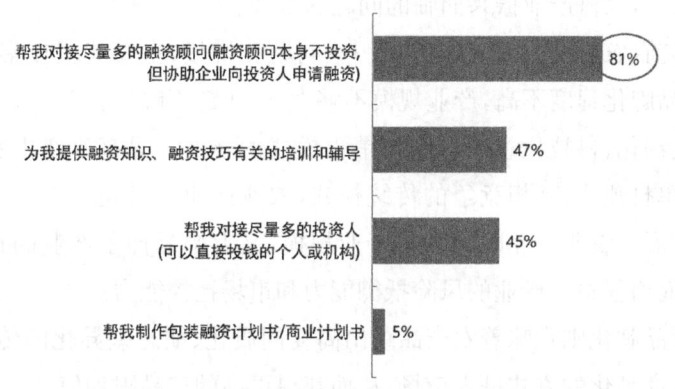

图2-11 企业希望在风险投资、股权投资、融资顾问等方面得到的帮助

基于上述调研分析,上海浦东新区金融促进会产业发展中心(以下简称中心)充分发挥协会本身的金融优势,同时链接外部资源,进行了以下两个方面的尝试与探索。

1. 农产品产业化解决方案

中心之所以将农产品作为探索方向之一,主要有以下几个原因。

第一,乡村振兴的大背景。

实施乡村振兴战略,是中共十九大作出的重大决策部署,是新时代做好"三农"工作的总抓手。中共十九大提出,要坚持乡村全面振兴,抓重点、补短板、强弱项,实现乡村产业振兴、人才振兴、文化振兴、生态振兴、组织振兴,推动农业全面升级、农村全面进步、农民全面发展。中共十九大报告也对实施乡村振兴战略提出了"产业兴旺、生态宜居、乡风文明、治理有效、生活富裕"的总要求。

第二,产业振兴是推动乡村振兴的关键。

首先,产业兴、百业兴。只有产业兴旺了,农村各项事业发展才有坚实的物质基础。产业是任何地区经济发展的基础。特色农业产业的"进城"和"出海"可以带动一个地区的农产品销售、提供产品附加值、增加农民收入。其次,产业振兴既可以解决农村剩余劳动力的就业问题,又可以吸引更多和更优秀的人才返乡下乡创业,推动人才回流。最后,产业振兴可以推动相关的基础设施建设,从根源上改善农村的生产和生活条件。

第三,农村产业振兴面临的问题和挑战。

目前,农村产业振兴还面临一些问题和挑战,主要体现在集约化、科技化、品牌化程度不高,产业规模不够大,产业链不够长。

集约化、科技化意味着生产销售模式的转变。只有改变小农户各自为政、单打独斗、互相竞争的传统模式,农业产业才可能以工业化的方式获得发展。农业产业既做大了产业规模,又大幅延伸了产业的长度和深度,从而增强整个产业的风险抵御能力和市场把控能力。

而品牌化则意味着农产品跳出高度同质化、缺乏差异化的传统窠臼,真正以商品化的方式进入市场,从而获得更高的产品附加值。

而这些问题都不是单靠资金或单靠农民已有的知识和经验能解决的。这些问题需要智力和"资力"(资本)合力才能得到解决。

中心发挥协会作为社会资源枢纽的优势,围绕农产品产业化,将智力赋能和资本赋能融合起来,积极助力农产品产业化。

所谓智力赋能,就是利用中心和产业发展中心拥有的智力资源、专家网络等,为农产品企业提供品牌定位、定价、销售、渠道、广告、运营等各方面的咨询顾问服务。智力赋能犹如前驱,起着引领方向的作用。

所谓资本赋能,就是发挥中心的平台和枢纽作用,为有前景的农产品企业引入相关投资,加快其产业化、集约化、科技化和品牌化的过程。如果说智力赋能犹如前驱,那么资本赋能就是后驱,助力产业做大做强、做深做长。

农产品产业化解决方案同时从智力和资本两个角度入手,切实提升农业产业化水平,推动农村产业链的做大做强、做深做长,从根本上提高农产品的知名度和美誉度,帮助农产品进城、出海,增加国内城市消费者和海外消费者的信任与认可。将农村的特色农产品通过商品化、品牌化的方式送进城市和海外市场,既可以增加农民收入,又可以让更多人了解中国农村的文化和风土人情,促进城乡之间、中外之间的交流和融合。

2. 医疗康养机构服务产品化解决方案

除了农产品,另一个与大民生密切相关的产业是医疗健康与养老。随着人口的老龄化、健康意识的增强、人民收入的提高,医疗健康和养老产业发展迅速,各类养老社区、康复机构、口腔诊所、眼科诊所、心理咨询中心、健身工作室的数量增长迅猛。

在取得快速发展的同时,这些机构也面临多重挑战。与农产品产业化需要重点解决销售端的差异化、品牌化,生产端的"工业化"不同,医疗康养服务企业的最大挑战是体验设计。医疗康养作为服务业,首要的是提供令人愉悦的服务体验。换句话说,服务体验在某种程度上就是这类企业所提供的"产品"。应该提供怎样的"产品",以及用怎样的方式将"产品"完美地交付给客户,会涉及品牌定位、服务承诺、交互方式等多方面的设计。

其中大多数该类企业在其专业领域有丰富的经验,但在体验设计领域缺乏必要的知识与经验,尤其是小型和处于起步阶段的机构。

中心联合外部咨询机构,针对该类企业开发了专门的服务旅程再造解决方案,运用3D设计框架,通过八个关键步骤,彻底摆脱"拍脑门"的方式,用科学的方式设计出能在每个关键节点创造美好客户体验的服务旅程。好的服务旅程设计将原本不可见、不可闻的服务转变成可感可知的服务型产品,而这将有助于该类企业做大做强。

除此之外,作为新兴产业,该类企业也同样面临如何实现规模化的问题。规模的增长需要资金。相配套的,中心积极发挥平台优势,既能为企业解决资金问题,又能为会员金融单位提供高质量的投资标的。

五、引导金融脱虚向实

如何将智力与资本相融合,更好地帮助企业实现创新还在探索与尝试中,但其意义巨大。

全球金融业经历了从传统的银行主导模式向市场主导模式的转变,然而在这个过程中,金融业逐渐脱离了服务实体经济的本质,导致了虚拟经济的发展和实体经济的衰落。我国金融业也面临着同样的问题。

金融的脱虚向实是推动中国经济高质量发展的重要一环,也是金融业自身发展的必然趋势。实现金融的脱虚向实,除了依靠加强金融监管和风险管理、推动金融机构改革和创新、加强金融教育和培训等政策层面的措施,更重要的是推动经济转型升级和供给侧结构性改革。当实体经济因为创新而吸引力增加,金融自然会回归服务实体经济的本质。

秉持"让资本拥有智力,让智力拥有资本"的理念,中心在金融与智力融合联动、赋能产业创新增长方面积极进行探索,通过农产品、医疗健康和养老两个产业,在引导金融脱虚向实方面积累了有益的经验。

推动上海浦东科技金融发展的路径和展望

2020年是浦东开发开放30周年,同时也是上海科创中心建设五年目标规划的交卷之年,浦东科技金融发展面临的内外部环境发生了变化,上海应总结经验及不足,研判浦东科技金融发展面临的问题与挑战,浦东科技金融的发展伴随建设国际金融中心和有影响力的科创中心,共同为长三角一体化发展和长三角科技创新共同体建设服务,共创国家科技创新发展大局。

一、浦东新区科技金融发展中面临的问题与挑战

1. 对长三角区域的辐射和引领作用有待进一步提高

上海是长三角区域经济、金融、贸易、航运和科创的中心,在长三角一体化发展中发挥辐射和引领作用,应不断提升自身发展的能级和核心竞争力,同时又能为长三角区域发展赋能,将长三角区域打造成为我国经济强劲活跃的增长极。为了支撑上海在长三角区域中的龙头作用,上海各区积极服务长三角一体化发展国家战略,通过虹桥商务区、长三角一体化示范区、G60科创走廊等平台和窗口加强与长三角各省市的融合和链接,在不同领域和行业发挥上海的辐射和引领作用。浦东新区作为金融中心和科创中心的核心承载区,在与长三角各省市的融合和链接方面有待进一步提升,除了长三角资本市场服务基地,浦东新区还应主动结合自身的科技金融优势加强与长三角三省的互动,分享自身在先行先试中积累的经验,搭建更多产业互动、人文交流的平台,增强浦东新区在长三角的知名度,发挥浦东新区对长三角区域的辐射和引领作用。

2. 科技金融统筹协调机制亟待完善与创新

缺乏科技金融统筹协调机制直接影响了浦东新区科技金融的发展。

科技金融统筹协调机制的缺乏主要体现为科技金融各职能部门对企业全生命周期各阶段的扶持分工不明确、相互之间缺乏协同机制、科技金融数据共享不充分、科技金融服务较为分散。其中,科技金融数据是金融机构为科创企业提供融资的重要评判标准,是政府机构服务科创企业的重要抓手,是表征科创企业经营状况的"温度计",是政府、金融机构、科技企业都需要的重要内容。科技金融数据中心的缺失使得政府相关部门无法及时从中发现潜在的弊端,从而无法高效率、针对性地出台相关措施来进一步优化和改善科技金融生态环境,因此科技金融统筹协调机制亟需完善与创新。

3. 对新模式、新业态等非硬核技术创新的支持力度有待加强

一系列支持科技创新的政策措施陆续出台,政策重点支持新一代信息技术、高端装备、新材料以及生物医药等高新技术产业,相关政策一般要求科创企业具有硬核技术,或是已经在技术研发方面取得了突破。然而从现有企业分布的状况和规律来看,取得颠覆性成就的企业往往并非基于颠覆性的技术创新,而是在模式或业态方面取得了突破。因此,大量的中小型科创企业由于不具备硬核技术,既不能通过知识产权质押获取贷款,又不能在科创板上市,在融资方面受到了较大的限制。从国际上来看,纳斯达克科创企业的内涵并不仅限于技术创新,往往也将企业经营方面的新模式和新业态视为科技创新的一部分。

4. 科技金融创新监管体系有所欠缺

浦东新区监管部门对于科技银行、科技保险公司等的监管,基本上仍按照传统金融机构的统一标准,仅部分监管要求有一定形式上的差异,未能充分考虑科技金融的科技属性,科技创新的价值在授信和质押等环节未能充分体现,这也使科技银行和科技保险公司等科技金融机构的经营发展受到限制,金融服务科技创新的活力未能被充分激发,不利于科技金融对科技创新产业发展提供支持。

5. "抓大放小"的科技金融服务降低了科创资源聚集能力

浦东新区科技创新起步较早,已经集聚了丰富的科技创新资源,形成了支持科技创新的服务体系,积累了较好的科技创新基础。基于这些较好的科技创新资源和基础,浦东新区设立了较高的科技金融服务门槛,形成了"抓大放小"的科技金融服务方式。从相关资料来看,浦东新区已出台的科技创新支持措施有以下几个方面的特征:从资金端来看,各类支持科技创新的资金中,国有资金占比较高,以风险投资为例,现行的风险投资机构设立壁垒较高,造成大量市场化的股权投资机构流失,形成了以国有资本投资公司为主体,大型风险投资机构为辅,中小型风险投资机构缺乏的格局;从市场端来看,国有资本投资公司等大型风险投资机构的投资主体主要是围绕浦东新区的六大硬核产业,对中小型科技创新企业的投资不足,这种风险投资模式不利于营造良好的科技创新融资环境;从投资阶段来看,由于缺乏风险补偿及事后补救机制,现有科技金融资源更多地投向风险较低的成长期或成熟期企业,而大量处于种子期和初创期的科创企业难以获得支持,从而不得不转向科创门槛相对较低的其他地区寻求融资支持,降低了浦东新区对科创资源的聚集和吸纳能力。

二、推动浦东新区科技金融创新发展的对策建议

1. 布局新视野下的浦东新区科技金融发展蓝图

浦东新区应在自主创新、改革集成和对外开放等领域勇于探索,争做更高水平改革开放的开路先锋。作为浦东新区科技创新的关键驱动要素,科技金融要站在一定高度明确其在新视野下的使命与定位,在新视野下布局浦东新区"十四五"期间科技金融发展的蓝图,努力为全国的科技创新提供高水平制度供给、高质量产品供给和高效率资金供给。

在高水平制度供给方面,浦东新区要当好开路先锋,既要回顾历史,总结浦东新区逐步实践后积累和完善的科技创新制度经验,又要面向未来,明确浦东新区新视野下的新使命,在科技金融体制机制上率先探索,积累经验。在高质量产品供给方面,浦东新区要紧扣中国芯、创新梦、蓝天梦、未来车、智能造、数据港等六大硬核产业,将改革开放再出发的宏图与科技创新国家战略结合起来,不断为国家参与全球科技创新制高点竞争提供创新产品。在高效率资金供给方面,浦东新区要依托国际金融中心优势,通过长三角科技创新共同体等平台加强与长三角区域的科技创新合作,利用科创板等资本市场为长三角区域乃至全国的科技创新提供高效率资金供给。

2. 搭建科技金融引领协调机制和一体化服务平台

针对浦东新区缺乏科技金融统筹协调机制、科技金融数据割裂、科技金融服务分散等问题，一方面，浦东新区有必要建立科技金融联席会议制度，由浦东新区相关单位、开发园区和金融监管部门组成；定期召开会议，共同对科技金融服务工作措施的落实情况及成效进行评估，研究科技金融服务面临的新情况、新问题，监测金融运行风险，并提出下一步工作建议；共同研究出台针对性的相关措施，各职能部门对企业全生命周期各阶段的扶持要有所分工，且彼此形成协同机制，既要加大对中小企业的支持又要持续支持大企业。

另一方面，浦东新区应搭建一体化科技金融服务平台，整合分散在不同部门、不同行业的科技金融数据，形成浦东新区科技金融数据库，由政府牵头，联合企业、银行、保险、投资机构、中介服务等各方参与者，搭建"互联网＋政务＋金融＋大数据"的科技金融服务综合平台，实现企业信用信息、融资需求信息、金融机构产品信息和政策信息的交互对接。例如，依托陆家嘴金融城与张江科学城"双城联动"工作机制，逐步完善双方工作协调机制，推动"双城辉映"工作常态化，双方定期梳理需求清单、资源清单、成果清单，通过常态化协调机制进行精准对接、靶向发力，有效推动资本与技术有效对接，进一步强化陆家嘴金融城和张江科学城的服务功能，搭建线上和线下分行业、分规模的信息共享平台，更精准地匹配资金的供需双方，提高陆家嘴金融城和张江科学城的资源对接效率。

3. 延伸科技创新内涵，覆盖更多非硬核科技创新产业

是否具备硬核技术成为评判科技创新企业的关键标准，而不具备硬核技术的新模式和新业态往往被忽略。然而从全球范围来看，取得颠覆性成就的企业往往并非基于颠覆性的技术创新，而是在模式或业态方面取得了突破。模式和业态方面的创新与硬核技术创新有着明显的区别，为了解决关键问题而进行的技术创新是在明确目标的前提下进行的，而模式和业态方面的创新则更具不确定性、不可预测性，甚至有时候比纯技术创新更具颠覆性。因此，浦东新区要逐步改变只重视纯技术创新的科技金融服务体系，进一步扩充对科创内涵的界定，对科创属性的定位要延伸至新模式和新业态，从对新技术的支持延伸至对新理念的支持；完善企业

科技属性测评以及与科创板标准的差距分析;建立推荐库企业的动态跟踪模型、智能跟踪平台,实时获取企业经营和风险状况,覆盖更多非硬核科技创新企业。

4. 统筹金融创新与金融监管

金融创新与金融监管之间的关系受到社会的高度关注,科技金融作为服务科技创新的一种金融产品创新形式,受到科技创新专业性强、风险性高等特点的影响,因此对科技金融的监管政策要有别于一般金融活动,为科技创新活动提供融资的金融机构也必须具备较高的专业化水平。从浦东新区的监管实践来看,目前对科技金融机构的监管基本上沿袭了传统金融的标准,未能充分考虑科技金融的科技属性,金融服务科技创新的活力未能充分激发。鉴于上述情况,浦东新区应该利用自身在金融和科创方面的优势,探索科技金融的差异化监管试点,探索投资类企业注册白名单制度,由在行业有良好声誉和投资经验的投资人发起设立私募股权等创投基金,在注册准入阶段简化流程,并落实有关优惠政策,对符合条件的创业投资企业、天使投资个人采取股权投资方式直接投资初创科技型企业满2年的,按国家规定实行应纳税所得额抵扣政策,以制度创新和税收优惠等条件吸引境内外优质天使投资、创业投资等科技金融机构落户浦东新区,引导投资机构、科创企业在浦东新区设立区域总部、研发中心等,通过高效率资本供给,推动浦东新区高质量产品和产业供给,在鼓励创新与风险控制之间寻求平衡点。

5. 推动科技金融试点,完善"扶小扶早扶特"的科技金融服务体系

浦东新区作为科技创新中心和金融中心的核心承载区,吸引了大量的科技创新企业、科技金融机构落户,积聚了丰富的科技创新资源,然而浦东新区的科技金融服务体系仍然存在结构有待优化平衡等问题。一方面,与上海其他区域相比,浦东新区在天使投资、政府引导基金及科技保险等牵引性、保障性科技金融产品方面缺乏供给,小型和初创企业成长得不到有效支持。另一方面,规模较大的科技金融机构为了提升服务效能一般采取"抓大放小"的服务方式,并围绕六大硬核产业等展开,导致初创期小型科技创新企业的需求很难得到满足,各类规模较小的风险投资机构也很难在浦东新区供给方面发挥作用。

因此，科技金融服务体系有必要进行重新梳理，聚焦小型科创企业、初创期科创企业、独特优势明显的科创企业的发展需求，依托浦东新区科技创新促进中心服务小型科创企业的平台优势，推动天使投资和政府引导基金落地，开展科技保险试点，创新浦东科技金融人才培养机制，协同金融机构、高校、行业协会等资源，推动科技金融人才培训认证，开展科技金融人才高峰论坛，进一步织密科技金融服务网。

三、浦东新区科技金融发展的展望

1. 再造新浦东的部署为科技创新提供了最佳试验场

浦东新区作为自贸试验区和科技创新中心两大国家战略的核心承载区，以中国芯、创新药、蓝天梦、未来车、智能造、数据港为代表的六大硬核产业迅速发展，未来将形成六个千亿级硬核产业集群，成为创新驱动和高质量发展的典范。从浦东新区的历史和对未来的布局都能够看出，浦东新区的发展离不开科技创新，没有对科技创新的前瞻性布局，便无法支撑再造一个浦东的宏伟目标。

每一次科技革命都将带来颠覆性的产业变革，也催生出一批新的需求，浦东新区在科技革命中抓住了六大硬核产业这一突破口，顺应了科技革命的趋势。在新征程中，浦东新区比以往任何时候都更加需要科技创新的有力支撑，同样，科技创新也需要浦东新区这样良好的创新环境和试验场，创新驱动发展、发展促进创新的互促双进格局逐步形成。

2. 长三角一体化发展为浦东新区科技金融提供了纵深腹地

长三角一体化发展国家战略赋予了浦东新区新的历史使命，就是在改革系统集成协同高效、高水平制度型开放、增强配置全球资源能力等方面先行先试，为长三角区域乃至全国的高质量发展探索经验，而承担这样的历史使命的关键是科技创新。作为上海国际金融中心和科创中心建设的核心承载地，浦东新区经过多年的开放创新，已集聚了包括科创板在内的金融要素市场以及一批辐射国内外的创新企业和创新资源。

长三角一体化为科技成果转化提供了广阔腹地。从科技创新到产业发展要经过基础研究、技术开发、成果转化等诸多环节，不仅需要张江等国家科学中心担当原始创新的策源地，而且也需要面向长三角区域乃至全国经济主战场,让科技创新的成果在腹地实现高效转化,打通科技创新的"最后一公里"。从长三角区域的基础情况来看,上海综合服务功能齐全,江苏实体经济基础好,浙江民营经济活跃,安徽科技创新后发优势明显,这种各有所长的阵型十分有利于打造优势互补的长三角科技创新共同体。

长三角一体化为"点面结合"的上市综合牵引模式提供了腹地支撑。"长三角资本市场服务基地"建设紧密连接上交所科创板制度创新,不断发掘和输送长三角区域内优质科创企业,使长三角区域对接服务逐步落到实处,为发挥科创中心和金融中心对长三角的辐射功能,聚集长三角腹地对浦东新区的支撑功能发挥了重要作用。

3. 海纳百川的开放格局为浦东新区配置全球科创资源提供了国际舞台

浦东新区要强化全球资源配置和科技创新策源功能,积极配置全球资金、信息、技术、人才、货物等要素资源,努力实现科学新发现、技术新发明、产业新方向、发展新理念从无到有的跨越,成为科学规律的第一发现者、技术发明的第一创造者、创新产业的第一开拓者、创新理念的第一实践者,形成一批基础研究和应用基础研究的原创性成果,突破一批关键核心技术。

从浦东新区多年积累的开发开放的基础和经验来看,浦东新区完全有条件、有能力在配置全球科创资源,支撑科创中心建设过程中发挥重要作用。从自贸区到新片区,从"一口受理"到"负面清单",浦东新区一直在推进更深层次改革和更高水平的对外开放,对外开放已经成为浦东新区鲜明的特质。"双自联动"工作机制更是将自贸区等开放平台支持科技创新的作用进行了细化并提出了十大创新试点,如探索境外风险投资基金直接投资境内创新企业,即在风险可控的前提下,探索利用自由贸易账户体系、扩大外商投资股权投资企业试点(QFLP)范围等方式,引入境外具有科技创新企业投资经验的多种海外投资基金投资境内创新企业,进一步激活国内科技金融活力。随着技术、资本、人才等世界优质科技创新资源加速向浦东新区集聚,强大的资源集聚能力形成,浦东新区的科技金融发展已逐渐由横向的平面扩展转变为纵向的深度挖掘。

第三编

建 言

关于上海发行地方政府境外绿色债券的建议

为积极助力国家实现碳达峰、碳中和目标,加快打造国际绿色金融枢纽,根据《上海国际金融中心建设"十四五"规划》和《上海加快打造国际绿色金融枢纽服务碳达峰碳中和目标的实施意见》有关精神,上海应加快探索和推进发行地方政府境外绿色债券,不断增强上海国际绿色金融枢纽地位,引导国际资金投资上海绿色产业,促进经济社会绿色低碳循环发展。

一、国内外绿色债发行情况综述

1. 政府绿色债券的国际发行情况

2021年全球绿色债券的发行总量达到了6 210亿美元,比2020年翻了一番。自2007年记录以来,截至2021年年底,绿色债券已售出超过1.8万亿美元。2021年欧洲发行了3 080亿美元的绿色债券。

政府绿色债券的发行总量呈现上升趋势。截至2021年上半年,法国是最大的绿色债券发行人,交易总额为129亿美元,占主权绿色债券发行量的一半以上。德国在2021年上半年的绿色债券发行人中位居第三,发行量为73亿美元。2021年,意大利、西班牙等国家也发行了较大规模的政府绿色债券,用于交通运输减排、能源效率提升,以及对环境和生物多样性的保护等领域。

2. 政府绿色债券的国内发行情况

我国绿色债券市场发展迅猛。2016年至2021年我国累计发行绿色债券超过1 700只,发行总额近2万亿元。发行主体多为中央及地方国有企业(两者占比超过95%),主体评级多为AAA、AA+和AA级(三者占比达97%),信用等级较高。期限集中在5年以下,以1～3年居多。绿色债券以人民币为主要发行币种,外币以美元为主,见表3-1。

表3-1 2016—2021年我国不同币种绿色债券发行

时间	币种发行额						发行数量(只)
	亿人民币元	亿美元	亿港币	亿欧元	亿加拿大元	亿新加坡元	
2016年	2 090.31						76
2017年	2 237.80					5.00	173
2018年	2 187.52	10.00	26.00		6.00		201
2019年	2 976.85	65.25	80.00				352
2020年	2 241.27	40.20	5.00				292
2021年	6 115.06	66.40		8.00			652

二、上海探索和推进发行境外绿色债券的现实意义

探索发行地方政府绿色债券是落实国家"碳达峰、碳中和"重大战略、拓展市场化绿色融资渠道、积极建设绿色金融改革创新引领区的重要举措。上海面向海外投资人发行绿色债券,筹集资金用于上海绿色基础设施建设和绿色产业发展,具有重要的现实和战略意义。

1. 展现对外开放决心

上海发行境外绿色债券可以进一步彰显上海国际金融中心和国际绿色金融枢纽的地位,展现中国经济向着高质量发展前进及高水平对外开放的决心。上海发行境外绿色债券可作为中英、中欧财金对话工作成果,进一步提升中国绿色债券市场的世界影响力,加快债券市场的国际化步伐,上海成为债券市场对外开放的重要窗口。同时,绿色债券的发行也有利于体现国际金融中心对双碳目标的承诺、国际信用和国际的联结。发行绿色债券成为中国绿色债券市场提高国际话语权和国际声誉的重要途径。

2. 深化绿色金融合作

深化绿色金融合作可以进一步依托金融开放枢纽门户地位、深化绿色金融国际合作,从而推动境外投资者通过上海金融市场开展绿色投融

资。上海发行境外绿色债券,既是对现有绿色债券市场结构的优化完善,又是突出全球化、跨境资金流动的标志性工作之一。发行绿色债券有利于整合国内外金融组织在绿色金融领域的资源,从机制上增强国际金融组织主动支持中国绿色项目的意愿,有助于吸引外部资金和资源,形成市场质量提升与资金流入的良性循环。

3. 探索绿色金融标准体系建设

探索绿色金融标准体系建设可以进一步凸显上海推进绿色低碳战略的排头兵和先行者作用,绿色金融标准体系成为区域绿色金融立法的重要抓手和有力突破点。上海通过发行试点,推动绿色政府债券的顶层制度框架设计,研究出台绿色政府债券的相关标准与规范指引,探索建立与绿色债券发行规模挂钩的正向激励机制,为绿色政府债券创新发展提供良好的制度条件。同时,上海可以推动形成更具操作性的绿色项目评估和认定体系、建设和完善绿色项目库,更好地促进绿色产融对接。

4. 引导社会金融资源配置

引导社会金融资源配置可以进一步发挥绿色示范效应,激发绿色金融市场活力,更有效地引导社会金融资源配置绿色事业,支持经济社会高质量发展。通过绿色债券的发行试点,一方面,可以优化地方政府债务结构和融资模式,加大绿色投资力度,加快产业绿色低碳转型,构建绿色产业体系。另一方面,可以有效发挥示范效应,加大对绿色产品、绿色技术宣传力度,增强社会资源节约和生态环保的意识,倡导节约、环保、绿色生活方式,为绿色经济转型提供重要保障和驱动力。

三、上海探索和推进发行境外绿色债券的方向

1. 凸显国际化

上海要积极探索与国际金融中心、绿色金融中心的合作。境外绿色债券要争取更多国际投资者认购。深圳绿色债券的纯外资认购比例为6%,上海依托金融开放枢纽门户地位,发行绿色债券应当争取更大比例的全球投资者投资和认可。上海要积极与国内外金融机构开展合作,鼓励银行、保险公司、社会保险基金等机构投资者参与绿色债券投资,激发

各市场主体的参与热情与绿色金融市场活力。

2. 发挥引领性

在区域发展层面,上海要着力支持长三角一体化,重点在制度性开放、自主创新发展、打通国内需求等方面发挥引领作用,要在产业布局上进行前瞻性安排,有效匹配地方产业结构调整需求,支持新型基础设施建设、新型城镇化建设和智慧城市建设。同时,上海为长三角区域绿色发展提供绿色金融、绿色投资、绿色技术等方面的支持,引导长三角区域把握全球绿色金融发展的战略机遇。

3. 实现多元化

上海要探索传统绿色债券以外的债券种类,如可持续债券、碳中和债券、蓝色债券等,不断丰富创新型绿色金融产品,有效提升绿色债券投资产品的供给,为境内外投资者衡量中国绿色债券价值、投资绿色资产提供更加多元化的选择。同时,上海还应率先探索跟国际标准靠拢的示范性金融产品,加强中国与国际市场绿色债券产品标准的一致化研究,形成绿色金融的共同语言。

四、上海发行境外绿色债券面临的困难和障碍

尽管上海发行境外绿色债券具备良好的现实条件和资源优势,但依然面临多方挑战,存在一定的困难和障碍。

上海到境外发行人民币债券会面临汇兑损失风险。首先,对于纯外资投资者来说,要把人民币换成美元等,存在汇兑损失风险。因此认购积极性很可能不高。其次,发行方也存在汇兑损失风险。最后,欧美几乎没有到境外发行地方政府债券的国家,目前尚无可借鉴的案例。在亚洲,通常是在本国(不需要到欧美市场)发行以美元计价的政府债券。

五、工作建议

1. 加强组织保障

上海应成立专门的绿色债券发行专项工作小组,明确责任主体,实施科学分工,做好相关政府部门的协调沟通工作,整合各方力量,秉持先国内再国际、循序渐进、突出创新的原则,有序推进绿色债券发行的可行性

研究、项目遴选、方案设计、实施落实等一系列工作。

2. 做好国际对标

在国际债券市场上,绿色债券发行人一般需要制定符合一定标准的绿色债券框架,并经专业机构进行认证。国际上形成了包括多边开发机构共同原则和国际资本市场协会(ICMA)的自愿性原则在内的归类共识,上海应参照国际资本市场协会的《绿色债券原则》制定绿色金融框架。

3. 完善标准机制

在募集资金使用方面,上海需要探索建立各个合格项目资金的合理分配机制、对绿色项目资金流向的跟踪机制,以监管绿色债券的实际募集用途。在项目的效益评估方面,上海需要建立效益评估体系,针对废水管理、能源节约、清洁运输、绿色建筑等不同领域制定可量化的效益指标,以实现绿色债券的效益。在信息披露方面,上海需要制定关于绿色债券的专项披露细则,做好绿色项目对环境影响的衡量,推动绿色债券的规范化发展。

4. 加强外部合作

上海市政府可以与中国香港特别行政区政府在税务政策、资金流动性等方面进行探讨,也可以与英国、法国就中外经济对话展开探讨,依托陆家嘴金融城与伦敦金融城、法兰克福金融区,以获取支持。

加快促进上海浦东高水平"引领区"相关财政监督立法授权工作的建议

浦东新区经过改革开放,经济实现了跨越式提升。

1. 上海市浦东新区人大常委会的基层财政预算监督初步实践

浦东新区人大常委会(以下简称浦东人大)秉持与浦东新区改革发展进程相适应的思路,立足基层的实际情况,围绕财政监督主线进行实践探索。浦东人大明确把财政监督重点设置在预算环节,初步探索通过制度供给的先行建设、预算审查前征询环节试验(由点向局部、向全部循序循环)、人大预算联网常态化发展进程和发挥审计联动效能、紧扣国有资产管理集成效应的两翼支撑保障,形成了以预算为轴心的探索雏形。

第一,模式将与时俱进的基层人民代表大会(以下简称人大)预算审查监督制度供给建设作为基层人大财政监督探索的启动之笔。2016年至2021年,浦东人大连续五年循序渐进地出台了财政预算监督的制度性规范,科学体现了财政预算监督制度供给的力度、深度和持续度。规范的导向由浅入深、由近及远并且详细可操作,规范在一以贯之的供给中一目了然、环环相扣,形成了系列特色。

第二,模式坚持人民当家作主。经历"由点到面,由表及里,由柔变刚"的几轮实践后,模式逐步形成了独创的"3+1"工作程序,成为人大财政预算监督起航试验的试金石。

第三,模式将"互联网+"和"大数据技术"的科技生产力作为推动基层人大财政监督模式现代化的进程标准,开始预算联网监督常态化的建设。浦东人大充分利用已有的软件成果,循序适应信息社会发展要求,有机结合"互联网+"和大数据技术与审查监督内容、审查监督方式,2014年年底实现了上线运行、预算执行全过程的实时在线监督,拓展了人大监督

"法定性原则"的预警指标设置,初步完成了系统智能化功能的分析,夯实了预算联网监督常态化的基础形态,体现了科技生产力为模式现代化保驾护航的压舱石作用。

第四,模式对审计监督与人大法定财政预算监督的联动融合效能进行探索,将双重核心作为工作的重要支撑,基于审计的法定职责程序,模式形成了监督方式的丰富组合、监督合力的衔接程序,为"联动聚合"效能的典型标本提供了资料。

第五,模式对国有资产管理监督与人大法定财政预算监督的联动集成效应进行探索,并将工作作为主要支撑的核心。基于国有资产管理监督循序、全面、稳妥的特殊性,模式为两者的联动集成探索铺就了"天然衔接"的联系路径,按"分类施策,先易后难,循序渐进"的导向,根据多年工作实践的基础,初步形成了向人大报告国有资产工作的制度,通过监督着力点和切入点的选择,特别是特定报告期重点和方向的延展,形成了监督方式环节、内容和力量的集成推进,保证了特定期间国有资产保值增值的目标,积累了集聚国有资产效能的监督经验。

浦东人大将财政监督的初步实践聚焦于"全口径预算",抓住财政监督的"核算"环节,也就抓住了国家财政监督一段时期的核心环节。在浦东人大循序渐进、效果检验、健全优化的多年实践过程中,全口径、全过程、法治化、现代化的"两全两化"试验持续优化:制度供给的先导引领、征询机制的先行试验、人大预算联网监督常态化的科技生产力保障建设、审计与国有资产联动融合集成监督建设的两翼支撑体系,形成了"人大民主主线,制度供给筑基,一体两翼为核,信息联网支撑"的模式特色。"由点到面,点面结合,过程民主,顺应发展,提升实效"的提升过程为新时代的中国式财政监督模式发展打下了基础。

2. 新时代中国式人大财政监督基本路径的方向性思考

中国式现代化的基本特征如下:人口规模巨大的现代化、全体人民共同富裕的现代化、物质文明与精神文明相协调的现代化、人与自然和谐共生的现代化、走和平发展道路的现代化。这些特征构成了新时代中国式人大财政监督基本路径的基本方向。

实现中国式现代化需要有相适应的国家监督体系,我国应建立健全权威、高效的监督运行体系,形成民主监督、社会监督相结合的局面,保障国家现代化的高质量发展。其中,经济现代化的健康发展更加需要财政监督的保驾护航。

财政是国家经济运行的支柱,预算则是财政的核心内容和主要载体。对财政进行系统监督则是世界各国经济运行发展的基本内容和手段。国际上财政监督的模式做法、法律的约束、管理架构、运行机制,由相应的规律和科学的组成,值得我们学习。而中国式现代化体系建设中的财政监督更需要我们在学习借鉴国际经验的基础上,立足基本特征,努力前行。

财政监督是指国家在组织社会产品分配过程中,通过财政业务活动和经常性的管理而实现的一种监督。财政监督通常包括事前监督、日常监督和事后监督,由预算执行、税收征管与解缴、财务会计、国有资产管理、金融等内容组成,并主要由人大及其常委会、国家法定监察部门、审计部门执行监督。

结合我国基层人大财政监督运行的评估,依据中国式现代化发展目标,我国人大的财政监督工作可以成为新时代国家财政监督运行的主要路径。在"十四五"期间,人大应加快其优化和完善,推动人大基层成熟的做法和监督实效,为构建中国式现代化体系中的财政监督路径提供样本。

中国式财政监督现代化,可以将优化完善已有人大基层监督工作作为基础,围绕中国式现代化的"两步走"目标,提出2035年国家整体设计,分步推进财政监督规划。加快探索相关"引领区"立法授权下的财政监督执行条例体系建设,着眼构架科学合理的财政监督组织体系建设,着手配置财政监督的覆盖范围设计,着力推进扩大财政监督信息现代化进程,凸显新时代国家财政监督法治化、体系化、现代化、民主化的特色。

中国式财政监督现代化可以从中国人大的财政监督运行进程和成效、不足方面入手。我们应深刻分析中国式现代化的五个特征,突出人民当家作主的过程民主体现;突出监督工程项目受益民众的"公平"和"分担体现";突出公共环境和公共文化相应监督的数据、效率环比递增;突出财政监督运行基础路径和方式的完整系统、现代科学,明确"十四五"期间的工作目标,健全中国式财政监督人大工作的基本模式。

3. 加快上海浦东新区"引领区"人大财政监督工作制度系统试验

一是财政监督制度建设的提升目标给新时代人大的财政监督工作指

明了更加广阔的方向。二是"全过程人民民主"重大理念对新时代人大的财政监督工作建设提出了更加高远的目标。

第一,坚持党的领导,保障党中央有关财政监督的导向政策、部署,科学系统地将我国的《中华人民共和国宪法》《中华人民共和国预算法》《中华人民共和国审计法》《中华人民共和国会计法》《中华人民共和国注册会计师法》等涉及财政经济监督的内容体现在"引领区"的"财政监督法律暂行规定"文本中,从而在已有的人大财政预算监督制度规范的基础上,实现全面覆盖的制度供给完善。同时,细化相应的法律责任和处罚措施的可操作性,保证权威性和严肃性。

第二,优化组织保障,着眼研究、确定行政区域范围内相应的财政监督组织体系建设,为财政监督时效和过程民主的组织运行程序提供保障。围绕人大相应财政监督体系全体相应平行化、职能划分相关重叠可能带来的影响,体系建设涉及职责分工、权力制衡和社会参与的新型方式,应明确主体间的层级、权责和范围的科学划分。在"全口径预算"的有效性监督、"会前征询制度"过程民主的表达范围方面,体系应形成有组织的精细关联方式,保证科学性和严密性。

第三,优化范围保障,着手拓宽行政区域范围财政监督应有的边界和覆盖范围,提升财政监督在服务以经济建设为中心的中国式现代化历史进程中的阶段目标型效率,进一步改变我国财政管理中存在的"重收入,轻支出"的现象,完成现代化财政监督制度覆盖公共财政框架下所有财政收支活动的愿景。优化通过覆盖范围的全视野边界"开放",进一步建设财政监督"全口径,全方位,全过程"的接地气"场景",保证匹配性和有效性。

第四,优化信息保障,着力实现行政区域内财政监督信息联网现代化建设,加快人大联网平台推进,以预算支出为平台基础,有序衔接辐射,逐步与政府部门联网,走稳横向联通的枢纽一期建设。同时,落实人大联网平台的区、街、镇互联互通,启动新区范围内的"互联网+"监督模式的设计方案,实现政府财政管理平台和人大财政监督平台进行信息共享的联动建设,有效集聚跨层级、跨部门数据的收集、分析和应用,为更高层次的衔接、融通服务,实现信息联网的现代化、系统化。

关于在上海浦东新区设立个人
征信公司的建议

在专项调研中,我们在供需导向问题上着力,特别关注"信用长三角"加快基础建设的突破点选择,提出加快在上海浦东新区设立个人征信公司的建议。

市场经济首先是信用经济;信用也是金融的核心。上海打造国际金融中心,个人征信是必不可少的组成部分。在浦东新区设立个人征信机构,并大力扶持个人征信机构发展,对上海国际金融中心建设具有重要战略意义。

一、个人征信的国际视野、国内借鉴和上海浦东新区现状

1. 个人征信是金融核心区的必要功能之一

信用是金融的核心,个人征信是重要的金融基础,个人金融服务对于个人信用的依赖度非常高。上海国际金融中心的功能不能缺少个人征信这个必要组成部分。

在欧美,国际金融中心是征信机构聚集之地。全球三大征信机构中,Experian(益博睿)起源于伦敦,Equifax(艾克菲)总部位于亚特兰大,Trans Union(环联)总部位于芝加哥。另外,美国的FICo(费埃哲)总部位于旧金山硅谷、DNB(邓白氏)总部位于新泽西、Standard & Poor's(标准普尔)总部位于纽约。

在亚洲,新加坡和东京也是征信机构聚集地。亚洲征信有限公司(Credit Bureau Asia)作为新加坡最大的信贷服务提供商,2021年首次于新加坡交易所主板上市。日本三家个人征信机构:株式会社日本信用情报机构(JIcC)、信用信息中心(CIC)、全国银行个人信用情报机构(PCIC)

总部都设在东京。

在国内,深圳市与北京市已经分别于2018年和2020年拿到个人征信牌照。

2. 个人征信是打造金融科技中心的基础支撑元素

个人征信机构主要从事个人信用信息的采集、整理、保存、加工,并向信息使用者提供个人信用信息。因此,上海设立个人征信机构可以汇聚大量的个人信用数据要素。个人信用数据要素的集中,可以吸引更多的金融科技公司落地上海,这些都是上海市打造金融科技中心的重要抓手。

金融科技主要是将大数据、人工智能、区块链等新技术应用于金融服务和金融市场。作为以数字为原材料的金融科技行业,个人征信数据的重要性更是不言而喻。个人征信数据在金融科技领域中的应用非常多,如风险控制、用户画像、波动分析等,但个人征信数据应用背后离不开一个功能强大的个人征信机构,机构整合个人征信数据、统一标准与口径以及个人征信数据加工模式等,为金融科技公司提供支持。

3. 个人信用是国际大都市软实力的组成部分

城市软实力是一个城市文化、制度和管理等各种非物质要素的最终合力。其中,诚信是城市进步和发展的重要道德力量,诚信文化建设是厚植城市精神、提升城市软实力的切入点与重要抓手。对一座城市而言,诚信是吸引力和凝聚力,即竞争力和软实力。上海设立个人征信机构,可以弘扬个人诚信、提升上海的城市软实力。

二、浦东新区设立个人征信公司是大势所趋

1. 上海金融3.0版发展对个人征信有巨大需求

浦东新区设立个人征信机构是因为有巨大的市场需求。上海作为国际金融中心,聚集了大量的金融机构。这些金融机构在提供个人金融服务的时候,一般都需要用到个人征信服务。因此,上海的个人征信服务需求量巨大,这是在浦东新区设立个人征信机构的经济保障。

2. 浦东新区立法权保障个人征信业务创新试验先行

个人征信活动涉及个人数据保护、个人不良信息被遗忘权、个人征信信息范围等需要从立法和制度上进行规范的内容。上海市人大及其常委

会自2021年6月被全国人大常委会授予根据浦东新区改革创新实践需要,遵循宪法规定以及法律和行政基本规则,制定浦东新区法规的权力,这是浦东新区开展个人征信业务实践的重要制度保障。

3. 数据开放共享试点开拓个人征信业务重要资源

2021年7月,《中共中央 国务院关于支持浦东新区高水平改革开放打造社会主义现代化建设引领区的意见》规定:建设国际数据港和数据交易所,推进数据权属界定、开放共享、交易流通、监管管理等标准制定和系统建设。个人数据的开放共享,特别是个人公共数据的开放共享,是个人征信业务顺利开展的重要数据资源保障。

4. 长三角征信一体化成为个人征信业务的区域试点

个人征信是长三角征信一体化的重要组成部分,浦东新区设立个人征信公司,可以充分把握长三角征信一体化的契机,在跨地区数据共享、政策统一、试点推进等方面积极试点,为全国的个人征信业务和监管创新积累经验。

三、上海浦东新区设立个人征信公司的具体建议

1. 确立国资为主、民营参与的主体结构

上海市国有资本作为大股东,联合浙江、江苏、安徽等国资,以及在金融信贷征信、职业信用服务等领域有产品创新能力的民营征信公司,在浦东新区共同发起设立个人征信公司,并向中国人民银行申请个人征信业务许可。

我们建议,国资股权应占比67%以上,以保证长三角区域政府将个人公共信用数据开放共享给个人征信公司,并保障个人征信业务合法合规开展,不侵犯个人隐私和泄露个人数据;给予民营征信公司股东在产品设计和业务运营方面足够的自主权,以开发满足市场需求的创新个人征信产品和服务,保证个人征信公司的市场竞争力。

2. 创建应用场景多样化的试验设计

随着国家对互联网金融业务的整顿与规范,互联网金融公司对个人征信的需求量越来越小。而上海除了对金融信贷领域的个人征信服务有强烈需求,职业信用、婚恋、租房等各种场景对个人征信也都有着强烈和

迫切的需求；职业信用领域已逐渐成为金融信贷领域外的第二大个人征信市场。

我们建议，浦东新区应以打造社会主义现代化建设引领区为契机，明确个人征信公司可以突破传统个人征信业务仅用于金融信贷领域的限制，设计研发适用于信贷、保险、招聘、婚恋、租房等各类场景的个人征信产品，为社会诚信体系建设作出贡献。

3. 构建长三角个人征信一体化试验规程

我们建议，将"在上海浦东新区设立个人征信公司"纳入长三角信用一体化工作计划，由上海市信用主管部门牵头，浙江、江苏、安徽三省信用主管部门参与，基于统一的《个人公共信用数据开放共享管理办法》《职业信用服务管理办法》等业务规则，向个人征信公司开放共享个人公共信用数据，支持个人征信公司发展。

同时，个人征信机构也应该严格按照统一的个人征信业务规则在长三角区域甚至全国范围内开展个人征信业务。

高度重视打通上海发展镇域经济的堵点，深耕都市化经济基础腹地的营商环境建设

营商环境是衡量地区高质量发展的试金石，上海的营商环境建设需要下准功夫，镇域经济发展亟待上新水平。

一、推动镇域经济高质量发展的建议

上海镇域经济的高质量发展，对于扩大内需，开放提振都市化经济具有十分重要的意义。上海十分重视镇域发展定位，已经重新明确了镇域的招商引资和发展经济职能。在此背景下，我们先后听取浦东新区农业委员会、商务委员会、科技和经济委员会、浦东新区委员会办公室等职能部门意见，与周浦镇、康桥镇、三林镇、高行镇、惠南镇、金桥镇、新场镇、泥城镇、航头镇等进行了深入交流，并前往北蔡镇进行实地调研，重点梳理了镇域经济发展中的不足，初步构建了镇域经济发展的海上模型，在借鉴国际经验的基础上，初步提出了推动镇域经济高质量发展的建议，形成了以下成果。

1. "小马拉大车"成为镇域经济继续发展的掣肘

经济发达镇成了经济繁荣、人口集聚的"小城市"，由于行政级别低，镇域行政权力有限，其发展受限。"小马拉大车"成为镇域继续发展的掣肘。

一是被动参与多，选择余地小。在统筹联动中出现权责不对等问题，上级部门习惯通过项目制考核对基层进行工作动员，乡镇等缺乏一级建议权、参与权。上海各镇的管理需求很大，而镇域政府的管理人员数量少，政府执法权限小，有执法资格的人员稀缺且匹配性较低，镇和管委会之间存在职责不清和财力失衡问题，这些因素影响了镇域经济的发展。

例如,新场工业园区的开发主体是张江科学城,园区由张江负责招商,税收主要归张江管委会,但张江不负责园区基础设施建设投入,园区社会管理、治安、疫情等都进行属地管理,而新场镇财政无力负担工业园区的基础设施建设。南汇工业园区由于体制机制原因,园区区域规划、财力扶持政策受理、行政审批等经济管理职能由金桥管理局负责,社会管理职能实行属地化管理,造成各主体间的权责不够统一,被动参与过多,限制了园区发展。

二是看得见,却管不着。在具体工作的执行过程中,权责不一导致镇(街道)等一级"难办"。不少事情各镇看得见但管不着,有监管责任却无处置权限。镇域执法权限和力量配置上条强块弱,条线以文件、考核等形式存在,干预较多,力量下沉不够。例如,浦东新区各镇之间差异较大,尤其是中部城镇和南片的农业镇,由于区位优势不足,招商引资和产业发展的难度较大,调研发现,各镇均希望招商安商政策能有自主操作的空间。对于"一事一议权"制度,政策要求企业税收达到500万元以上,但对镇来说,引入税收300万元以上的企业已经很难,镇里希望权限能够下沉,以减少税收为300万~400万元的企业流失。对于产业准入门槛的规定,各镇提出不要"一刀切",现有政策导致有些创新药企业流入其他地区。此外,浦东新区农业委员会反映:村项目审批工作量太大,希望审批权限可以下沉。

2. 空间不足,土地开发强度已近"天花板"

一是发展空间受限,用地已近饱和。空间区域是产业发展的基础,数据显示,上海相当多镇的土地开发强度都已超过国际公认的30%警戒线,镇域经济受到空间制约。例如,浦东新区曹路镇已批控规划定约100公顷工业用地,现已开发工业用地75公顷,其中近1/3为仓储使用,已无研发类用地。

二是绿地量及配套设施均有待提高,增量空间开发成本也居高位。例如,产业社区内涉及工业备用地的集体土地中,农村住宅的拆迁会涉及大量动迁工作及资金需求,更新难度较大。

三是战略留白区的存在,导致部分镇的土地资源没有办法充分释放。这不仅影响了优质项目的招引和落户,也制约了现有重点企业的产能扩充。据不完全统计,浦东新区中部地区就有涉及浦东航头大麦湾园区、川沙工业园、鹿园工业园、老港工业区、宣桥三灶工业区等9个区块,总面积27平方千米,约占浦东园区规划总面积的11%,其中90%位于104工业区块。宣桥镇三灶都市型工业园是上海市104工业区块之一,总规划面积3.8平方千米,实际可开发利用面积2.4平方千米,发展备用地1.4平方千米。航头镇存在的共计253 334.6平方米的土地为战略留白区,大麦湾园区的南区为战略留白区。浦东新区北部的高行镇,沿江125.33平方千米为战略留白区域,已有13家企业因为发展受限先后搬走,造成镇经济损失100多亿元。为了弥补战略留白导致的发展困境,各镇也通过各种途径,包括零增地改扩建和单点供地等努力进行突破,但是总体推进程序复杂、周期漫长、进展迟缓,亟需找到解决办法。

3. 统计核算质量不高导致"睁眼瞎"现象滋生,缺乏镇域经济的科学评价

一是统计核算环境抗干扰能力较差。镇域统计核算离不开所在地政府的领导,统计核算环境的抗干扰能力与实际相距甚远。

二是镇、村的统计核算工作量不堪重负。随着近几年统计和核算的工作量越来越大,部分乡镇疲于应付的现象愈发严重,遇到大型普查,即使从其他单位抽调人员也很难适从。"统揽"的结果是顾此失彼,乡镇统计核算工作不堪重负。

三是为"时效性"而牺牲数据质量。为了达到上级部门、乡镇领导对时间的要求,镇域部门不惜牺牲统计核算数据的"生命"而提供预计数,导致无数据、数据差,滋生典型的"睁眼瞎"现象。统计核算数据质量不高的突出表现为产业统筹规划机制缺失,镇级产业园区的产业结构具有同质化倾向。调研显示,川沙、高桥、老港等镇级园区均以化学原料和化学制品制造业为主,占比分别为27%、28%和47%。高东和宣桥均以农副食品加工业为主,占比分别67%和35%。多个园区发展汽车制造业,如高航、高桥、航头、康桥等镇级园区,占比分别为14%、18%、23%和12%。同质化发展势必造成各镇之间的恶性竞争,对整体发展不利,各镇更需科学的镇域经济发展评价指标体系,以适应镇域发展的复杂性和个性化特征。

4. 集体经济体制机制"运行僵硬","造血功能"持续疲软

一是镇村集体经济基础薄弱。镇村两级集体经济基础薄弱,资金资源人才缺乏,虽然承接农村基础设施建设项目可以成为集体经济一大增收点,但农村基础设施建设属于工程项目,招投标需要有的建筑资质成为村集体经济增收中的一大"拦路虎"。

二是村级闲置资金尚未盘活。因缺乏安全稳健的投资渠道,村财乡代理制度对村级组织盘活集体资金管理较严,村级组织不敢使用这笔资金来增加集体经济收入。据不完全统计,浦东新区各镇投资意愿不强,情愿将资金存在银行里。调研显示,绝大多数镇领导担心投资风险,担心一旦出现投资失误会被问责,因此采取保守做法。从区层面看,尚无有力的激励政策和容错机制能消除他们的顾虑,无法激发集体资金保值增值,从而产生更大效益。

三是镇域集体经济发展竞争力较弱,后续发展乏力,"造血功能"有待提高。囿于集体经济组织发展基础生产要素缺失、人才资源匮乏、技术指导不足等因素,上海专业合作社等组织产业化程度不高、结构调整不彻底、缺乏上档次和有实力的龙头企业、缺少具有规模优势的生产基地和有市场竞争力与品牌效应的产品。根据调研显示,浦东新区郊区的配套服务存在人才公寓短缺、优质生活服务设施不足和公共交通体系不完善等问题。例如,虽然张江创新药产业基地的从业人数较庞大,但是根据环评要求和土地性质规定,198地块无法建造人才公寓,导致人才公寓短缺,很难留住人才;航头镇缺乏优质的小学,商业设施供给比较落后;宣桥镇缺乏规模型、集中型的商业总综合体,学校资源层次较低,这些都影响企业和人才在宣桥长足发展。

四是公共交通体系不完善。有些镇反映,轨交16号线沿线配套的接驳车设置较少,共享单车投放点不足,居民晚上出行不方便。有些镇附近没有轨道交通站点,公交车频次少,居民出行成本高。这些因素都影响了项目的落地和人才的集聚。

5. 乡村振兴遭遇"资金难题","巧妇难为少米炊"

一是商业银行资金从乡镇流回,各银行对镇域内企业放贷政策更加严格。例如,普遍存在于镇域的农村商业银行和邮政储蓄银行,其在乡镇

的经营场所一般用于吸纳储蓄,较少开展放贷业务。

二是镇域范围内小型微利企业融资困难。镇域经济在发展初期主要吸收或开展的是一些规模比较小的创业项目,与成熟的企业相比,这些项目在规模、信用背书以及技术上存在一定的劣势,难以赢得竞争并获得银行的贷款。缺少资金来源成为制约镇域经济发展的重要因素。

三是镇级工作人员发展经济能力不足,影响招商引资和安商稳商工作。调研发现,有一些镇反映工作人员对于区级部门出台的政策了解不透,甚至存在企业已经知晓政策,但是镇里工作人员还不清楚的情况,导致工作人员对企业的指导不力,直接影响了企业的贷款融资。这一方面反映了区级职能部门对政策的宣传不够,另一方面反映了镇级工作人员欠缺专业素养。另外,集资的运营也需要一支专业的队伍。因此,镇一线工作人员的政策培训和业务指导需要进一步加强。

上述不足集中折射出上海镇域经济适应发展的营商环境亟待创新优化,我们在调查研究中注重顶层设计、改善和解决难点、集思广益,真正帮助镇域经济实现高质量发展。

二、加强具有都市化经济特色的上海"海纳百川"经济形态体系设计,突出发挥镇域经济"湖泊"特征、特色功能的形象应用研究

以水为基,海纳百川,构建涵盖"江、河、湖、泊"的上海镇域经济海上模型框架,是立足靶向施策,优化方向引领,坚持上海特色的一项基础性工作。研究模型的核心元素如下:江、河、湖、泊和镇域经济的联系定位与内容。

1. "江",代表上海经济高质量发展的活力以及都市化经济的特色

上海通过长江连接起经济的海洋。

2. "河",代表产业链和经济链

河水从高处向低处的流动轨迹代表着上海数字经济、绿色低碳、先进制造业和现代服务业等标志性产业链、经济链的发展生机与坚强步伐。上海"十四五"规划初步体现了上海经济发展的方向和主流。

3. "湖",代表镇域经济,也是模型框架的构建中枢

相对封闭的水域特色是镇域经济行政体制划分的典型特点,湖(区)域的蓄水能力及与河流的双向互动反映了镇域经济的发展需要高度关注

区域内的产业链、供应链,实现双向互动。上海镇域经济应该能容纳并呈现"多类型、广特色"的百湖(106个镇)多态局面。以上海浦东新区为例,24个镇就面向张江扩区、东方枢纽、金色中环和迪士尼旅游开发等上海经济发展的战略布局规划与所在镇域经济各具特点相得益彰的"施工图",呈现丰富多彩的镇域经济特点,且都具有宽阔的空间。上海现有106个镇域,上海的镇域经济应实现全面平衡发展,形成同台竞技的可持续性、比学赶帮超的多场景。上海应重视深化镇域经济"湖"的特征,细化研究和规律认识,加强建设和投入。

4."泊",代表镇域范围内的产业、园区、企业等组成部分

"泊"具有停船靠岸的规律性功能,诠释了其特色产业、科技园区以及重点企业是经济发展最终载体的逻辑内涵。从系统角度,镇域经济的内容应包括实体经济、服务经济、产业园区组织和特有存在经济组织等,其所有制形式包括国有、集体、民营、中外合资、混合所有制等。深入梳理镇域经济的组成和现实存在,是厘清"泊"的支撑型结构的关键。"泊"的依靠、来往、兴盛,又与科技营商环境基础设施相关。

5. 镇域经济的联系定位

镇域是联系上海经济和产业链的桥梁和纽带,也是资金、人才等资源的集聚所在,在整个上海都市化经济发展中发挥着基础性作用。镇域经济既是一个建制镇行政区域内的经济,又是镇域范围内各种要素和产业有机构成的经济综合体,也是区域经济的一个单元和一个开放的经济体。镇域经济是构建上海超大城市现代化产业体系的重要支撑、实体经济发展的压舱石,以及乡村振兴战略的基础和先导。因此,上海"海纳百川"经济形态模型应突出镇域经济的"湖泊"特征、特色功能,并推动上海都市化经济的创新发展。

我们建议,上海应加快镇域经济特色发展模型研究,重心下沉,问计于民,在上海经济发展的优化规划中推进其靶向施策的纲化完成。

三、学习国际上的成功做法和经验,为创新中国式现代化中的上海镇域经济新探索提供借鉴

我们初步梳理了其他国家的做法,以供上海市镇域经济发展作比较

和借鉴,具体如下。

1. 美国:技术驱动镇域经济发展的若干做法

一是提升乡镇基础设施,打造宜居便利环境。美国政府是镇域公共服务的主要供给者,美国对住房建设、乡镇宽带、污水处理、商业活动以及医疗卫生等公共服务都有明确规定和措施。

二是发挥产业聚集对城镇乡村的融合联结。例如,"硅谷"随着产业的扩大,发展空间逐渐向外延伸,其核心就是通过科技产业的带动促进城乡之间的联动及阶梯发展,形成科技—地域—经济的内在互动。

三是利用金融科技助力镇域生态环境改善。美国利用金融科技度量农业相关环境风险,促进镇域生态环境保护。例如,美国金融科技公司Pachama利用金融科技手段建立碳信用交易市场,以更好地保护生态系统。

2. 欧洲:多种形态推进城乡一体化发展的若干做法

一是合理规划镇域用地,保护原始生态环境。例如,法国政府设立大量的自然保护区,坚守绿地、农村牧场等土地的最低限度,修复与维持乡村自然景观与绿色风貌;瑞士将环保教育元素纳入职业教育体系。

二是提升镇域工业化的政策倾斜。例如,法国在城镇化过程中实行工业分散化、服务分散化等措施,进一步增强镇域发展后劲。

三是通过乡镇运动提升镇域整体的可持续发展能力。爱尔兰通过成立爱尔兰农村纽带非营利组织,对农村社区的发展能力以及一些社会问题进行调节。

3. 日本:通过立法手段将镇域经济发展政策法制化、规范化的若干做法

一是锚定基本,统摄引领涉农法律体系。1961年日本颁布"农业基本法",同时还颁布了相关法律,如《农振法》《农协法》《山区振兴法》等。

二是职能整合,健全法律政策实施机制。日本采取强化纵向沟通和促进横向联系等方式,将相关政府部门原有的乡村振兴功能统合到农林水产省农村振兴局,并建立了跨部委的联络机制。

三是完善社会保障制度,实现镇域经济社会的持续稳定。日本推行双层结构制度,即强制性的国民年金以及自愿加入的基金制。以法律为保障的多元化养老保险模式,基本满足了乡镇养老保险需求。

4. 新加坡:金融科技赋能镇域经济发展活力的若干做法

新加坡为镇域经济中的中小企业、初创企业提供定制化服务。利用数字技术为镇域经济发展中的中小企业、初创企业等传统金融难以触达的长尾群体,针对性地提供与其所开展业务紧密相关的金融服务。例如,2018年,星展银行在新加坡及亚洲部分地区推出"Startup Xchange"计划,旨在帮助初创企业业务发展。花旗集团推出数字平台 Bridge,帮助中小企业与区域银行等建立联系,使借款方能够以在线形式快速触达银行方,从而有效缩减融资。

我们认为,系统推进现代化国际大都市城乡一体化发展、立法保证镇域经济发展政策规范化、加强科学技术驱动镇域经济发展的政策支持、加强金融服务保障镇域经济发展的扶持等都可以作为适配型借鉴的有效选项。

四、推动上海镇域经济优化高质量发展的建议

1. 强镇扩权,打造上海镇域经济作战体系

一是加强镇分管领导权限,理顺区、管委会、镇体制关系。上海应按照权责一致、能放即放的原则,启动"强镇扩权"改革,将经济基础好、改革意愿强的镇列入改革范围,结合"放管服"改革打造"强镇扩权"升级版。

二是打造镇域经济一体化的发展作战体系。各镇应成立书记、主任负责,工业、招商、固投等组成的全方位工作专班,将镇域经济考核任务指标量化、细化到各小组、各单位、各村居,构建职责明晰、管理到位、服务优化、保障有力的权责配置体系。

三是形成绩效考核制度。各镇应将镇域经济发展作为各村及机关干部年度考核、评先表模的重要内容和主要指标,同时出台支部书记招商引资奖励办法,坚定不移地于每季度、每月份按计划推进落实各项工作任务,在全镇范围内形成谋发展、比业绩的导向。各镇应将发展并壮大镇域经济工作实绩作为镇领导班子任期考核和年度考核的重要内容,定期进行监督检查,并对自主谋划、带动发展集体经济项目成效突出的村级组织负责人及班子成员进行奖励激励。

四是选优配强基层一线工作队伍,强化对镇经济发展的领导。我们建议,各镇应结合实际,优化内设机构的职责,把镇域经济发展放在突出位置;在领导配置上,推广浦东新区花木街道的做法,在不增加编制的情况下设置专职分管经济的副镇长,全力抓好招商引资、产业经济和集体经济的发展;挑选综合素质强、熟悉镇域经济发展、善于与企业打交道的机关干部加入经济发展条线;选拔思想政治素质好、能力强、业务能力强、公平公正、廉洁自律的干部充实农村集体经济工作队伍;鼓励公务员、事业单位、国企等优秀人才担任驻村指导员或第一书记;支持企业家、优秀农民工、大学生、退伍军人等各类人才下乡,入职集体经济组织担任职业经理人,为集体经济发展提供新动能。

2. 着力盘活存量为主,破解镇域经济建设用地困局

一是着眼着力镇区有机更新。各镇应通过工业园区、专业市场、城中村、老旧小区和分散村庄的整治改造,盘活土地资源,提高建设用地容积率和平均产出率,解决企业技术改造、转型升级和公共设施建设提升的建设用地需求。例如,为了全面落实《浦东新区促进存量产业用地提质增效若干规定》,政府加大对镇级工业园区盘活存量用地的指导;探索推进农村集体经营性建设用地用于非农产业项目,加强关于建设用地指标分配的研究,优化集体土地的出让流程,简化出让程序,结合乡村特点设计有别于国有土地的出让条件,适当放宽绿化率、装配式建筑等规划控制指标要求,提高容积率。

二是整合过散的工业园区。各镇要聚焦工业园区空间优化,通过土地置换在镇域内集约利用农村建设用地,在严控建设用地总量的前提下,允许在拆旧布新的审批操作程序上有一定的灵活性。各镇应允许低效工业用地再开发的部分土地收益返回企业,通过制定"一地一策"方案,将产业定位与策略进行空间落实,对现状用地方案进行调整,优化用地结构、功能配比、规划指标等。

三是建立奖励和补偿机制。我们建议,对盘活存量土地成效显著的镇给予一定的建设用地指标奖励;对特大镇的市政设施、新基建和公共服务用地按常住人口安排土地指标,通过区域调剂填空缺。

3. 优化数据统计核算监测,构建镇域经济评价指标体系

一是配齐统计核算专兼职人员力量。我们建议,根据镇域经济发展水平和统计核算工作实际需要,各镇应构建"编内＋编外"的基层统计核算人员队伍结构;强化基层统计知识、技能、法规培训;提升统计队伍的稳定性和专业性;加强政策培训和业务指导;提升基层队伍的工作能力;健全强化各镇运行调度与分析研判,全力做好重点行业指标的跟踪推进工作。

二是科学构建镇域经济发展评价指标体系。我们建议,各镇应围绕固定资产投资、市场主体培育、项目建设管理、招商引资跟踪、入规进限进展等5类指标,建立综合实力考核与特色产业评估相结合的镇域经济发展评价指标体系,做到一表见全镇、表表有动态。

三是提升统计核算数据的真实性和准确性。我们建议,各镇应坚持依法统计、依法治统,确保核算真实,主动深入企业开展统计指导服务,切实提升基础数据质量,为推动镇域经济发展的科学决策管理提供重要数据支撑。

4. 深化顶层设计,推动集体经济"双化"改革

一是推动"镇域经济高质量发展工程"。我们建议,各镇应强化统筹联动,促进区域发展职能更加协同,加大政策扶持力度推动人才、技术、资本等资源要素从市区向镇流动,提高镇域经济活力;理顺各镇与区属开发公司对特色产业园区开发的工作机制,协同推进特色产业园区的规划布局、招商引资、日常管理等事项,同时在资金投入、利益共享等方面做好平衡;不断探索完善项目建设和城市开发体制机制,加强多元开发主体的合作协同,优化议事决策机制、利益共享机制、企业投资建设项目审批机制,充分凝聚各方合力,提高发展效率。

二是推进集体经济公司化改革,我们建议,各镇应探索建立"村党支部＋村集体经济组织＋村集体公司＋N"的发展模式,坚持集体控股、企业参股、农民入股等形式,整合成立集体经济公司、集体企业加快实施公司制改革。

三是"为民资金＋财政扶持"注资国有企业,变身"为民股份",我们建议,各镇应把资金的使用权交给国有企业、把收益权交给村集体,在保障村民利益的基础上,既能发挥企业的市场引领作用,又能发挥村集体和群众的土地资源优势。

四是推动专业化、市场化重组整合。我们建议,各镇应以产权调整为主要方式,有序推进集体企业专业化整合;围绕重点产业开展招商工作,寻求特定产业发展支持政策,探索成立产业引导基金并发挥其引导作用;制定产业引导目录和招商图谱,有目的性、针对性地开展产业链招商,重点引进一批产业契合度高、成长性好的链上企业,最大限度地发挥辐射带动功能;对具备条件的地方国有企业监管、扶办的集体企业,通过法定程序,与上海新集体经济合作联社及所属集体企业稳妥地实施开放性、市场化重组。

5. 完善财政金融服务体系,储蓄镇域经济资金的"源头活水"

一是牵头建立"财政+担保+保险"三位一体的镇域经济财政金融支持体系。上海应推动金融科技应用、改善镇域经济融资环境、提高信贷可获得性,在全市各财政机构设立财政金融支农岗,由中国农业银行等牵头增加镇区农业信用融资担保体系建设和农业政策保险服务等金融功能的核心业务,打通服务的"最后一公里",形成"政担"优势合作的支农惠农新机制。便捷高效的农业信贷融资担保服务网络体系能有效解决镇域经济发展规模经营中的融资难题。

二是形成财政与税收相互衔接的多元政策支持体系。我们建议,地方政府相关资金加强对镇域经济的支持;进一步明确农村集体经济组织的税收征缴政策,降低一定规模农村集体经济的税收负担;积极鼓励农业企业上市。

三是加强集体经济健康发展的政策支持。我们建议,各镇应统筹拓宽集体资金投资渠道,全面梳理农村集体资金,建立以优质项目为载体的统筹机制;设立"乡村振兴发展专项资金",形成资金管理办法;加大集体资金优先购买区属保障性住房商业配套的力度,根据各村资源禀赋、产业基础,按照特色农业产业供给型、城郊综合服务型、乡村休闲型等,形成"一村一发展策略",打造特色产业项目。

关于构建支持科技创新的上海金融服务体系的建议

一、完善以培育新质生产力为目标的 G60 科技金融服务体系

发展新质生产力是推动高质量发展的内在要求和重要着力点，上海应继续开拓创新，推动新质生产力加快发展。这是抢占新一轮全球科技革命和产业变革制高点，也是开辟发展新领域新赛道、培育发展新动能、增强竞争新优势的战略选择。作为五个中心建设承载地的上海，一方面肩负着发展新质生产力的时代使命，另一方面也具有非常明显的基础优势。上海不仅是我国经济高质量发展的重要引擎，而且集聚了全国最丰富的科技创新资源，形成了发达的金融市场体系，在培育新质生产力方面具有明显优势。具体而言，科技创新能够在新质生产力发展中发挥主导作用，同时由其催生的现代化产业体系又能承载新质生产力的发展壮大。不断提升的经济中心和金融中心影响力将会为新质生产力发展破除资金障碍，营造良好氛围。

G60 科创走廊经过多年的持续推进，其影响力、凝聚力、竞争力有了长足进展，从源起上海松江到联通苏杭，再到长三角城市共建，在充分借鉴全球知名科创走廊的基础上，从长三角区域的实际出发，G60 科创走廊探索出了一条科技创新、产业集聚、区域协同的中国式科创走廊建设路径。同时，G60 科创走廊在培育新质生产力方面还面临着科技金融服务体系不完善等问题。在新时代背景下，如何完善以培育新质生产力为目标的科技金融服务体系，为加快培育新质生产力提供长三角方案，成为 G60 科创走廊亟待解决的关键问题，为此我们提出以下建议。

1. 成立 G60 科创走廊新质生产力发展基金

G60 科创走廊作为中国重要的科技创新和产业发展高地,集聚了大量的科技创新资源和优质企业,具有雄厚的产业基础和较强的创新能力。设立新质生产力发展基金可以为区域内的科技创新项目和企业提供更为精准和有效的资金支持,进一步推动新质生产力的培育和发展。

该基金将采取多种方式筹集资金,包括政府引导资金、社会资本参与等,形成多元化的投资格局。基金管理团队将由具有丰富经验和专业知识的投资专家组成,专家负责项目的筛选、评估和投资决策。通过科学的投资策略和原则,基金将重点支持 G60 科创走廊内的科技创新项目和企业,特别是具有创新性、高成长潜力和市场前景的项目。

成立 G60 科创走廊新质生产力发展基金的目标不仅是提供资金支持,更是通过资本的引导和杠杆作用,促进科技创新和产业升级。这将有助于优化区域内的产业结构,提升产业竞争力,推动经济的高质量发展。同时,基金的设立也将吸引更多的国内外资本和优秀企业汇聚 G60 科创走廊,形成更为强大的创新合力,推动区域经济的持续繁荣和发展。

2. 推动 G60 科创走廊科技金融政策跨区域协同

G60 科创走廊涉及沪苏浙皖四省(市)九个城市(以下简称四地),科技金融政策协同是推动长三角区域一体化发展的重要战略举措。为了实现这一目标,首先,四地需要紧密合作,共同研究和制定科技金融政策,确保政策相互衔接、相互支持,形成政策合力。其次,四地应统一科技金融服务标准,提升服务效率和质量,降低企业融资成本和时间成本。针对科技企业不同阶段的融资需求,共同推动科技金融产品和服务创新,开发适合科技企业特点的贷款产品、推出知识产权质押融资等新型融资方式为科技企业提供了更加灵活、便捷的融资支持。强化科技金融风险评估与防控、建立完善的风险评估体系和方法能帮助企业及时发现和化解潜在风险,确保科技金融合作健康、稳定、持续发展。最后,四地应加强科技金融与产业融合,推动科技企业在核心技术研发、成果转化、产业化等关键环节取得突破,为长三角区域的科技创新和产业升级提供有力支撑。通过实施这些措施,四地将共同构建一个更加协同、高效的科技金融合作体系,推动长三角区域科技创新和产业升级迈上新的台阶。

3. 探索G60科创走廊多元立体的科技金融支持体系

长三角区域科技创新资源丰富,创新资本活跃,逐步形成了浓厚的创新氛围,由于科技创新的金融支持体系不完善,科技创新主体的创新活力尚未充分释放,相关创新主体的积极性也未能充分调动。因此,一方面,G60科创走廊要推进科研管理制度改革,对科研主体"松绑"。在长三角区域率先试点科研管理体制改革,把科技创新活动从繁琐的经费管理、人才评价、企业评审等程序中解放出来,让科研主体集中精力谋创新、谋发展。另一方面,G60科创走廊要更好地发挥政府引导和市场激励的作用,跨区域协调运用财政、税收和奖励等手段,进一步完善多元主体参与的资金投入机制,通过"拨投结合""先投后股"等创新举措支持引领性、颠覆性技术转化和产业化,依托科创板,充分发挥资本市场作用,引导PE、VC、基金等向硬核科创企业流动,不断完善多元立体的科技创新金融支持体系。G60科创走廊通过管理制度"松绑"和激励政策"加压",逐步健全科技金融支持体系,探索出一条有利于激发创新潜能和释放创新活力的新路径。

4. 打造具有国际竞争力的G60科技创新产业集群

长三角区域是我国经济发展活跃的地区,内部各省市具有明显的互补优势,上海科技教育发达,江苏实体经济基础牢固,浙江市场活力强劲,安徽在新技术方面有后发优势,各省市要结合各省市的互补优势,按照《长三角科技创新共同体联合攻关合作机制》的要求,共同梳理长三角区域"链主"企业或骨干单位,聚焦制约国家重点产业发展的关键领域,联合发布需求"榜单"提供针对性的金融服务方案;以金融助力三省一市共同培育科技创新"核点",加快提升区域科技领军企业的创新引领能力;以市场化方式联动产业链上下游,跨区域组建创新联合体,这样不仅能加强产业链协同,提升企业的运营效率,还能更快带动企业的创新成果转化,带动传统产业的转型升级,进一步增强产业链供应链自主可控能力,打造具有国际竞争力的产业链集群。

5. 构建专业高效的G60科创走廊科技金融中介服务体系

与世界主要科创城市群相比,长三角区域在科技中介服务方面仍有一定差距。长三角区域的科技创新中介主要由政府主导成立,该中介是为了发展科技创新而建立的非营利机构,不能满足科技创新发展的现实需求。因此,长三角区域要借鉴旧金山等科创城市群的科技中介服务体系,大力发展科技金融中介体系等科技中介机构。G60科创走廊科技金融中介服务体系,需要鼓励和支持各类金融机构、投资机构、担保机构等积极参与,共同构建一个全面、高效、专业的科技金融服务网络,给予不同类型的金融机构支持科技创新的平台,为科技创新企业提供全方位的金融服务。例如,商业银行可以提供贷款和融资服务,支持企业的日常运营和扩张;投资机构可以提供股权投资,助力企业实现技术突破和市场拓展;担保机构则可以为企业提供融资担保,降低企业的融资门槛和风险。这样的服务体系。这些金融服务不仅满足了企业不同阶段的金融需求,还促进了金融资本与科技创新的深度融合。一方面,金融机构通过提供专业的金融服务,帮助企业解决了资金瓶颈,推动了企业的快速发展。另一方面,企业通过与金融机构的合作,也能够获得更多的金融资源和市场信息,提高了企业的竞争力和市场适应性。

二、促进科技与金融高效循环,加快推动张江世界领先科技园区建设

张江高新区是上海国际科技创新中心建设的"主战场"和上海打造世界级产业集群的"主阵地"。2023年11月,《关于推进张江高新区改革创新发展,建设世界领先科技园区的若干意见》正式发布。为了加大支持科技创新力度,为发展新质生产力注入金融动能,推动张江高新区从全国创新中心加速迈向全球创新高地,我们提出以下建议。

1. 进一步构建与高水平科技自强自立相适应的科技金融服务体系

一是发挥股权投资科创金融"先锋队"作用。上海应围绕打通金融支持科创"最先一公里",突出抓住股权投资支持科技创新这个核心,在加大政策扶持力度、培育长期资本耐心资本、引导投早投硬科技等方面开展工作;全面优化创业投资发展环境,促进"募投管退"全链条发展,进一步发挥股权投资在促进创新资本形成、提高直接融资比重、支持科技创新方面的作用。

二是打通金融服务科技创新的新堵点。上海应转变思路、创新模式、专营专注,吸引更多适配科技型企业特点的专业金融服务机构落户园区,

或者来园区展业；推动金融机构、风险补偿基金、担保机构等各方合作，建立合理的风险分担机制，持续优化担保、风险补偿流程；加快推广新型科技保险产品，支持保险机构开发生物医药、新材料应用等产品责任保险，完善保险补偿机制。

三是深化金融支持科技创新的探索与实践。上海应争取国家部委和金融监管部门对张江高新区的支持，深化金融科技创新监管试点，持续强化对金融科技创新的引领、护航和孵化作用；在风险可控的前提下，实施对关键产业的金融支持举措，丰富金融产品和服务，持续加大对科技创新、先进制造的支持力度，助力新质生产力发展，努力为加快建设现代化产业体系提供更加有力的金融支撑。

2. 进一步发挥金融数据港优势，推动数据和金融要素产业创新发展

一是提升金融数据港的能级和影响力。在现有基础上，上海应加快构建完整的金融数据产业链，集聚和培育金融科技基础设施、龙头企业和相关创业企业，汇集更多量级、更高能级的金融数据资源；优化产业环境、加速创新成果转化、提升产业能级和提高服务标准，加大与创建更多的金融科技示范应用场景，以点促面，推动张江国家级数据要素产业集聚区的建设。

二是加强产业数字金融数据跨界流动。上海应深化"一核三园两港"空间布局，加大突出金融数据港的产业链接和金融服务功能；完善产业互联网基础设施，对产业端数据进行全流程收集与分析，为数字金融服务企业的日常交易、融资等环节提供工具支撑；完善科技创新属性评价标准，推动政务数据面向金融场景的有序合规开放，促进金融资源与科技创新需求精准对接。

三是探索推动数字金融产业发展的制度突破和规则制定。上海应借鉴已有实践经验，推进数据权属界定、开放共享、交易流通等标准制定和系统建设；探索公共数据集中开放共享法规试点，支持金融机构运用大数据进行产品服务创新；支持开展数字金融监管体系与监督评估创新试点，加快研发基于数字技术的监管工具和监管平台，对大模型算法、应用场景等加强监控和防范。

3. 进一步优化金融支持科技创新配套政策，加强平台服务支撑

一是加大人才配套服务体系建设力度。上海应发挥政策叠加效应，持续深化人才管理体制机制改革创新，优化人才发展环境，通过更加灵活的引才育才机制，进一步集聚与世界领先科技园相适配的高水平人才；探索与国际接轨的人才管理制度，在人才评价制度、全球招聘制度、科研管理制度等方面先行先试。

二是推动知识产权运营服务高质量发展。上海应通过搭建和引进各类知识产权服务机构，健全知识产权价值评估和交易流转市场体系；持续聚焦人工智能、集成电路、生物医药等产业集群，开展许可转让、质押融资、保险、作价入股等知识产权运营工作，服务上下游技术密集型、创新型企业的发展需求。

三是探索建立国际一流的科创金融智库研究平台。上海应充分发挥张江高新区世界级科学设施集群的优势，利用各类新型研发机构、企业技术中心、公共技术服务平台以及产业资源，在张江高新区打造具有重要决策影响力、社会影响力、国际影响力的高端智库平台，为科技创新策源地和高端产业增长极的发展提供战略支撑。

三、强化以"服务科技创新"为目标的上海金融协同服务生态

1. 制定统一的科创企业和战略新兴产业的认定标准

依托国家科技型中小企业、上海市科技"小巨人"企业、上海市专精特新科技企业和上海市高新技术企业等企业名单，上海应建立开放的科创企业名录库、重点科技项目建设信息库。

2. 运用上海普惠金融顾问制度综合服务平台

上海应整合各类区域性信用信息系统，通过各地方政务信息调用，提高数据的质量，从而提升信用评价的有效性；鼓励金融机构利用数据开发流程更便捷地体验更优化的金融服务产品，为现代化企业提供更好的金融服务。

3. 建立知识产权统一的专业评估机构和知识产权流转平台

上海应进一步提升知识产权市场的流动性，由政府主导进一步加强知识产权在交易定价、转让、变现等方面的能力，为银行在贷后管理、资产处置等方面提供畅通渠道；探索建立知识产权质押融资保险分担及联合担保机制，通过多方共担风险的模式鼓励知识产权质押融资业务的发展。

4. 进一步明确商业银行的尽职免责边界

银行普遍反映投贷联动业务上的尽职免责在具体执行时很难被界定。我们建议,《上海市科技型中小企业和小微型企业信贷风险补偿办法(2023年版)》中的尽职免责机制和贯彻原则需进一步明确,这有助于提升客户经理科技金融展业积极性。

商业银行与外部相关投资机构的合作以项目互荐、信息互通为主。我们建议,上海应适当放宽监管条件,允许贷款与认股权证挂钩,为商业银行与投资机构的业务联动提供一种可持续途径。

5. 加强银证保投租等多渠道融合

金融机构自身应加强集团内子公司联动。围绕科技企业融资服务,金融机构不仅要加强在客户信息、渠道方面的共享,而且要加强客户服务方案沟通、融资尽调、第三方渠道合作等工作的协调与联动。

上海应充分利用上海普惠金融顾问制度优势,整合多方资源,共建科创金融生态圈。例如,组织银行、证券、保险、投资机构、融资租赁、政府担保等机构根据不同企业需求及行业特征开展跨界跨业的联合服务,发挥各自所长,整合产业链上下游资源,从而满足科技企业多元化金融服务需求,同时设定利益共享机制,互补信息资源,形成"科技—产业—金融"良性循环。

第四编

思 考

第四卷

思学

上海国际金融中心建设的回顾

一、上海基本建成"与我国经济实力以及人民币国际地位相适应的国际金融中心"

1. 概述

上海建设国际金融中心具有优越的条件和基础:一是我国经济实力雄厚。二是上海区位条件优越。三是上海金融基础设施比较完善。四是在多年改革开放过程中,上海始终位于创新的前列。与其他国际金融中心相比,上海还拥有独特优势:一是我国社会主义制度具有稳定性和连续性。二是重大国家战略支撑。三是上海金融科技成果丰富。四是上海聚集全国金融要素市场。五是上海自贸区推行了多项先行先试的金融创新制度。

建设上海国际金融中心是我国在社会主义现代化建设全局高度作出的一项重大战略决策。自中共十八大以来,在多方共同努力下,上海国际金融中心建设全面、扎实推进,经受住了考验,取得了重大进展和显著成效。2020年,上海基本建成"与我国经济实力以及人民币国际地位相适应的国际金融中心",如期实现2009年国务院19号文件确定的战略目标,并在新的历史起点上开启新的征程。

2. 国际金融中心定义及特征

国际金融中心是全球金融市场的枢纽,聚集大量国际金融资源的同时,又可以促进国际资本流动,在金融及实体发展中发挥着至关重要的作用。

国际金融中心是在国际上能够形成资金融通(投融资)的交易中心;相辅相成的是投融资的避险和交易需求,市场需要匹配发达的金融衍生品来满足对冲和交易的需求。国际金融中心不是指定的,也不是规划出来的,而是市场选择的结果。

根据 IMF 的定义:国际金融中心(IFCs)是能提供全面金融服务的大型国际中心,该中心拥有先进的结算和支付系统,服务较大体量的当地经济,资金供求多样化且市场具有深度流动性,同时拥有健全的法律和监管框架,以保证代理人关系和监管职能的诚实守信。国际金融中心通常从非居民处获取短期融资,并向非居民提供长期借款。国际上认同的制度和规则、繁荣的金融衍生品市场、资本的自由流通、良好的法治环境和金融营商环境为其提供支撑。

3. 上海在国际金融中心评估中的排名

上海已成为全球金融市场门类最完备的城市之一、全球金融基础设施最完善的城市之一、中国金融产品最丰富的城市之一。在《2020 年全球金融中心指数报告(GFCI 29)》中,上海在全球金融中心排名中蝉联全球第三,仅次于纽约和伦敦;金融科技水平升至全球第二,仅次于纽约,较前期排名上升 1 名。全球金融中心指数(GFIC)是由国家高端智库中国(深圳)综合开发研究院与英国智库 Z/Yen 集团共同编制,上海无论在营商环境、人力资源、基础设施、金融发展水平、国际声誉等城市综合实力方面,还是在银行、投资管理、保险、专业服务、金融监管、融资、金融科技、贸易等细分领域,都排名靠前。这也从侧面反映了上海国际金融中心建设已经得到国际社会的广泛认可,实现了"基本建成"这一目标,见表 4-1。

表 4-1　2020 年全球金融中心城市排名

金融中心	GFCI 29		GFCI 28		较上期变化	
	排名	得分	排名	得分	排名	得分
纽约	1	764	1	770	0	▼6
伦敦	2	743	2	766	0	▼23
上海	3	742	3	748	0	▼6
中国香港	4	741	5	743	▲1	▼2
新加坡	5	740	6	742	▲1	▼2
北京	6	737	7	741	▲1	▼4

(续图)

金融中心	GFCI 29		GFCI 28		较上期变化	
	排名	得分	排名	得分	排名	得分
东京	7	736	4	747	▼3	▼11
深圳	8	731	9	732	▲1	▲1
法兰克福	9	727	16	715	▲7	▲12
苏黎世	10	720	10	724	0	▼4

从数据来看,虽然2020年上海排名并未提升,但一直呈上升趋势,尤其是在金融科技领域,上海在金融科技方面排名第二,仅次于纽约,较前期排名上升1名,见表4-2。

表4-2 2020年全球金融中心金融科技领域排名

中心	GFCI 29		GFCI 28		较上期变化	
	金融科技排名	金融科技得分	金融科技排名	金融科技得分	排名	得分
纽约	1	731	1	735	0	▼4
上海	2	722	3	719	▲1	▲3
北京	3	719	2	725	▼1	▼9
深圳	4	716	5	713	▲1	▲3
伦敦	5	712	4	716	▼1	▼4
中国香港	6	711	6	707	0	▲4
新加坡	7	710	6	698	▲2	▲12
洛杉矶	8	692	12	693	▲4	▲1
旧金山	9	691	7	706	▼2	▼15
特拉维夫	10	688	新	新	新	新

二、金融市场体系进一步完善

1. 金融机构数量和规模

在金融要素市场层面,中国外汇交易中心、上交所、上海期货交易所、中国金融期货交易所、中国银联、上海黄金交易所、上海清算所、上海保险交易所、上海票据交易所、中国信托登记公司、跨境清算公司、城银清算公司、中央国债登记结算公司、中国证券登记结算公司均聚集在上海,上海已经成为金融要素市场集聚的区域。

2. 金融市场

上海的金融市场从无到有,集聚了包括股票、债券、货币、外汇、黄金、商品期货、金融期货、保险、票据、信托在内的各类金融要素市场和金融基础设施,上海是国际上金融市场种类最齐全的城市之一。市场规模从小到大,多项指标跃居世界前列。2020年,上海金融市场成交总额达2274.8万亿元,比2015年增长了55.5%。截至2020年年末,上交所股票市值位居全球第三位,2020年首次公开发行(IPO)股票筹资额、股票成交额分别位居全球第一、第五位,银行间债券市场规模位居全球第二位,上海黄金交易所场内现货黄金交易量位居全球第一位,上海期货交易所螺纹钢、白银、锡、天然橡胶等多个期货品种交易量位居同类品种全球第一位,原油期货市场已成为全球第三大市场。市场产品从单一到多元,上海推出了国债期货、股指期货、外汇期权等一系列重要金融产品工具,为金融资产定价、发行、交易和风险管理等提供了坚实保障。上海银行间同业拆放利率(Shibor)、贷款市场报价利率(LPR)等基准利率市场化形成机制深入推进。CFETS人民币汇率指数成为人民币汇率水平的主要参照指标。国债上海关键收益率(SKY)成为债券市场重要定价基准。"上海金""上海油""上海铜"等价格影响力日益扩大。

期货方面,上海期货交易所上市了有色金属、黑色金属、贵金属、能源化工等系列期货品种以及铜、黄金等期权品种,中国金融期货交易所推出了股指期货、股指期权和国债期货系列产品,中国外汇交易中心推出了外汇掉期、外汇期权、利率互换、利率期权等衍生品,风险管理工具不断丰富。

3. 建立金融法规和监管体系,不断增强风险防控能力

上海在全国率先设立金融法院、金融仲裁院等机构,建立金融侦查、检察、审判专业化机制。上海市人民代表大会常务委员会颁布了《上海市推进国际金融中心建设条例》《上海市地方金融监督管理条例》。上海在全国率先推出《上海国际金融中心法治环境建设》白皮书。上海已经建立

国务院金融委办公室①地方协调机制和上海市金融稳定协调联席会议制度。地方金融监管体系不断健全,针对"7+4"类地方金融组织,上海先后出台一系列配套细则及监管要求,强化行业监管。上海扎实推进地方金融监管信息平台建设,以科技手段推进高效监管,防范化解金融风险取得重要成果。上海的金融风险监测预警协作机制进一步完善,互联网金融专项整治、各类交易场所清理整顿、非法集资专项整治等工作成效明显,依法稳妥化解重大个案风险。上海的信用与消费者保护体系建设不断健全。落户上海的人民银行征信中心已建成全国集中统一的企业和个人金融信用信息基础数据库。中国人民银行金融消费权益保护局②在上海设立。首家全国性证券金融类公益机构——中证中小投资者服务中心落户上海,上海市金融消费纠纷调解中心成立,形成金融纠纷多元化解决机制。

在防控重大金融风险层面,截至 2020 年,上海已累计化解不良贷款 2 600 多亿元,资产质量处于全国最优。同时,上海有序推进部分高风险机构的风险化解和处置,稳妥开展网贷风险专项整治工作,精准打击"退保黑产"等违法违规行为。上海坚持"监管姓监",2010—2020 年,共处罚银行保险机构 557 家,处罚责任人员 280 人,罚没总金额超过 4.2 亿元。

4. 科创板

科创板于 2019 年 6 月 13 日开板,同年 7 月 22 日开市,总体运行平稳,科技属性更加突出,市场包容性初步体现,形成一定规模效应、示范效应和集聚效应。截至 2021 年年初,科创板累计受理企业 557 家,已上市 269 家,累计募集资金 3 446 亿元,总市值 3.4 万亿元。已受理企业主要分布在新一代信息技术、生物医药、高端装备三大行业,占总数 78%,有力支持了科技创新关键行业的发展。上海累计受理企业 88 家,已上市企业 40 家,排名全国第三,累计募集资金 1 139 亿元,市值约 1 万亿元,募资额和市值均排名全国第一。

5. 金融服务长三角

在长三角一体化中,上海金融有着非常重要的服务作用,上海通过金

---

① 机构曾用名,2023 年 10 月撤销,职责划入中央金融委员会办公室。
② 机构曾用名,2023 年 10 月撤销,职责划入金融市场司。

融集聚区优势,推进金融服务G60科创走廊、虹桥国际开放枢纽等建设,助力长三角区域共建"产业链""供应链";支持银行设立长三角管理总部、示范区分支行,创新开展跨区域联合授信;建设绿色项目库,建立长三角绿色金融信息管理系统;支持金融市场辐射服务长三角区域,上交所设立多个资本市场服务基地,上海票据交易所上线供应链票据平台,推广"贴现通"等,上海期货交易所与浙江自贸试验区共建期现一体化油气市场。

三、外资金融机构加速集聚

1. 上海的国际金融机构

上海的金融开放枢纽门户地位更加凸显,并且始终走在全国最前列。截至2020年年末,上海拥有各类持牌金融机构1 674家,其中外资金融机构占比超过30%。外资法人银行、保险机构、基金管理公司均占内地总数的一半左右。金砖国家新开发银行、全球清算对手方协会(CCP12)和跨境银行间支付清算公司等一大批总部型、功能性金融机构或组织相继落地上海。随着我国新一轮金融对外开放进程加快,全球著名金融机构陆续在上海设立独资或合资金融机构,"首家""首批"示范效应明显:诞生了国内首批新设外资控股券商——摩根大通、野村东方国际;首家外商独资公募基金公司——贝莱德;首家外资控股理财公司——汇华理财;首家外商独资保险控股公司——安联保险;首家外商独资人身险公司——友邦人寿;首家外资法人再保险公司——信利再保险等,合格境外有限合伙人(QFLP)和合格境内有限合伙人(QDLP)试点不断深化。2020年,上海也创新地推出"玉兰债"业务,服务境内发行人面向国际市场发债。

在资管方面,全球资产规模排名前十的资管机构都已在上海设立机构并开展业务;全国32家外商独资私募证券投资基金管理人(WOFE PFM)中有29家落户上海;75家国际资管机构获得外商投资股权投资企业(QFLP)试点资质;48家国际资管机构获得合格境内有限合伙人(QDLP)试点资质。在投资管理这一领域中,上海排名仅次于纽约、伦敦、中国香港、新加坡等资管中心。

在保险方面,截至2022年,已开业的4家外资控股理财公司全部落地上海;上海率先实行人身保险公司外资股比限制从51%提高至100%,

全国前三家外商独资人身保险公司均在上海完成注册变更,全国首家外资保险控股公司也在上海获批开业。

2. 上海的境外投资者

在全球投资者方面,2023年,合格境外有限合伙人(QFLP)试点由中国(上海)自由贸易试验区临港新片区扩大至上海市全辖,全国首单外商独资私募证券投资基金管理人(WFOE PFM)为主体发行合格境内有限合伙人(QDLP)产品,合格境外机构投资者(QFII)、人民币合格境外机构投资者(RQFII)认购(WFOE PFM)基金产品等在上海落地。

在清结算方面,上海跨境人民币业务结算量占全国比重约50%。上海金融市场成交总额从2012年的528万亿元提高至2020年年末的2511万亿元。人民币跨境支付系统(CIPS)、城银清算服务公司、全球清算对手方协会(CCP12)等一批重要清算机构或组织落户上海。银联芯片卡标准成为亚洲支付联盟的跨境芯片卡标准,上海已成为全球交易规模最大的银行卡交易清算中心。在债券和期货方面,中央结算公司在上海已经建设债券担保品专业化管理平台,推动完善债券市场担保品违约处置机制。上海清算所推出外汇即期、远期、掉期、期权等产品的集中清算业务。

四、金融基础设施和服务能力不断完善

1. 金融"软实力"成色十足

相比金融机构数量、金融市场交易量等"数量型"的"硬实力"指标,金融营商环境、金融法制环境、高端金融人才队伍等"质量型"的指标无疑更考验一个城市的"软实力",见表4-3。

表4-3 产业支撑评价前10位的金融中心城市

排名	2021年	2020年	2018年	2017年	2016年	2015年	2014年	2013年	2012年	2011年	2010年
1	纽约	纽约	纽约	纽约	纽约	纽约	纽约	纽约	纽约	纽约	纽约
2	伦敦	伦敦	东京	伦敦	伦敦	伦敦	伦敦	伦敦	伦敦	东京	东京
3	上海	上海	伦敦	东京	东京	东京	东京	东京	东京	伦敦	伦敦
4	中国香港	中国香港	上海	上海	中国香港	中国香港	中国香港	中国香港	上海	中国香港	中国香港

(续图)

排名	2021年	2020年	2018年	2017年	2016年	2015年	2014年	2013年	2012年	2011年	2010年
5	东京	东京	中国香港	中国香港	上海	上海	上海	上海	中国香港	新加坡	新加坡
6	芝加哥	巴黎	巴黎	芝加哥	新加坡	新加坡	新加坡	新加坡	新加坡	上海	巴黎
7	北京	芝加哥	芝加哥	新加坡	巴黎	芝加哥	巴黎	北京	法兰克福	巴黎	上海
8	巴黎	新加坡	法兰克福	巴黎	北京	北京	北京	巴黎	北京	法兰克福	法兰克福
9	新加坡	北京	新加坡	法兰克福	芝加哥	巴黎	芝加哥	芝加哥	巴黎	北京	北京
10	法兰克福	法兰克福	北京	北京	法兰克福	法兰克福	法兰克福	法兰克福	芝加哥	芝加哥	迪拜

注：由于数据等因素，2019 年停更。

上海国际金融中心的"软实力"日益获得国际业界的认可。指数的"产业支撑"指标显示，金融业与上海城市发展之间构成了畅通的良性循环，金融业强有力地支撑实体经济发展，以智能制造为代表的现代产业体系也为金融业带来广阔的市场空间。

2020 年，上海首度在"服务水平"指标中跻身前三，取得新突破，反映上海已基本形成与人民币国际地位相适应金融服务框架、金融人才梯队、金融科技生态圈以及金融法律法规体系，一大批诞生在上海的"首家""首创"在全国乃至全球都成了典型。

2. 金融宜商环境持续优化

自有统计以来，上海高新技术企业贷款、普惠小微贷款和绿色贷款年均增长分别达到 19.0%、32.7% 和 24.1%，比同期上海全部本外币贷款增速分别高出 9.6 个百分点、23 个百分点和 14.8 个百分点。截至 2022 年，上海企业贷款利率和小微信贷利率均为自有统计以来的历史低点，且在全国始终保持最低行列。

在深入推进金融改革创新方面，上海金融监管局首创航运保险产品注册制，开创全国保险产品注册管理改革先河。创设上海自贸区创新业务监管互动机制,为机构开展业务创新给予个案支持。

在服务实体经济方面,截至2020年,上海银行业资产和银行贷款增长均超过140%;保险深度从4.08%上升到4.56%,保险密度从每人3421元上升到每人7917元,增长为实体经济健康发展提供了有力支持和风险保障。2010—2020年,资本市场为上海企业提供直接融资超过4万亿元,市场支持207家地方经济支柱企业和战略新兴行业企业通过上市做大做强,120家上市公司通过并购重组实现资产重整、加快转型升级。2020年,市中小微企业政策性融资担保基金融资担保规模超300亿元,增长超50%。

3. 金融人才培养和教育不断加强

截至2020年,上海金融从业人员数量已达47万人,金融中心品牌知名度日益扩大。"陆家嘴论坛"成为国内外金融高端对话交流的重要平台。2010年上海市设立国内首个聚焦支持金融创新的省部级政府奖项"上海金融创新奖",金融机构产品、业务创新质量不断提升。金融集聚区建设成效明显。预计2025年上海金融从业人员达到55万人左右;金融从业人员中,具有本科及以上学历的比例达到85%,具有研究生学历的比例达到35%。上海金融从业人员拥有特许金融分析师(CFA)、注册会计师(CPA)、注册金融理财师(CFP)、金融风险管理师(FRM)、英国特许注册会计师(ACCA)等国际职业资格认证证书达到6万张。

4. 金融科技企业落户上海

建信金科、中银金科、交银金科等一批金融科技龙头企业在上海设立,国内首家外资银行金融科技公司汇丰金科落户上海。上海金融科技产业联盟和智能投研技术联盟等行业组织相继在上海成立。金融科技应用试点、金融科技创新监管试点不断推进,数字人民币试点工作也在稳步实施中。

2020年,上海市共获批11项工作任务,共计23个金融科技应用试点项目全部上线试运行。人民银行金融科技创新监管试点启动,共2批13个项目均已上线服务,数字人民币试点启动。上海的发展环境日益优化,上海金融科技产业联盟和智能投研技术联盟等重要行业组织成立。上海市共获批11项工作任务,共计23个金融科技应用试点项目全部上线试运行。

5. 国际贸易成果斐然

2020年,上海口岸贸易额占全球贸易总量3.2%以上,继续位列世界城市首位。集装箱吞吐量达到4 350万标箱,连续11年居世界第一。货物贸易结构持续优化,贸易中转功能稳步增强,集装箱水水中转和国际中转比例分别提高至51.6%和12.3%。上海服务贸易发展全国领先,率先发布了全国首张跨境服务贸易领域负面清单。

截至2020年,上海拥有年进出口规模10亿美元以上企业55家。101家国际贸易投资促进机构在上海设立了常驻代表机构。上海钻石交易所成为世界第五大钻石交易中心。本土跨国公司显著增多,上海企业在境外投资设立企业增加到4 317家,对外投资覆盖178个国家和地区,海外存量投资超过1亿美元的企业达到110家。

在人民币结算方面,截至2020年,312家优质企业进入跨境人民币结算便利化名单,享受跨境金融服务便利。

五、金融开放广度深度显著拓展

沪港通、沪伦通、中日ETF、沪港ETF互通相继落地;"一带一路"金融合作不断深化;上海在沪金融市场收购巴基斯坦证券交易所、孟加拉国达卡证券交易所部分股权,参股哈萨克斯坦阿斯塔纳国际交易所;上海证券交易所国际交流合作中心成立;"一带一路"国家或地区金融机构来沪展业不断增多;在沪金融机构对国内企业"走出去"的服务日益加强。

中国外汇交易中心(CFETS)人民币汇率指数成为人民币汇率水平的主要参照指标。国债上海关键收益率(SKY)成为债券市场重要定价基准。"上海金""上海油""上海铜"等价格影响力日益扩大。

六、金融——现代化大都市的基础设施

2020年,上海实现金融业增加值7 166.3亿元,同比增长8.4%,占全市生产总值的18.5%,占全国金融业增加值的8.5%。2020年,上海金融市场直接融资额17.6万亿元,比2015年增长91.3%,为实体经济发展提供了高效率资金供给。

近10年上海生产总值与三大产业结构变化见图4-1。从上海市统计

局公布的数据来看,2021年上海市地区生产总值43 214.85亿元,按可比价格计算,比2020年增长8.1%。其中,第三产业增加值首次突破3万亿元,达31 665.56亿元,同比增长7.6%,占生产总值比重为73.3%,上海市的第三产业占比位列全国第二,服务业已成为上海经济增量的主导引擎,对经济的拉动作用明显,上海市第三产业生产总值结构见图4-2。

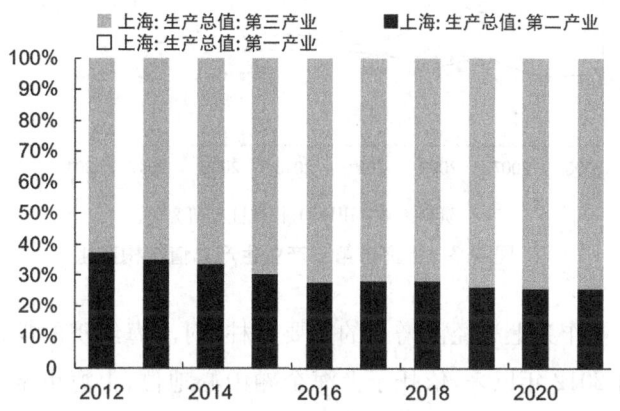

图4-1 近10年上海生产总值与三大产业结构变化

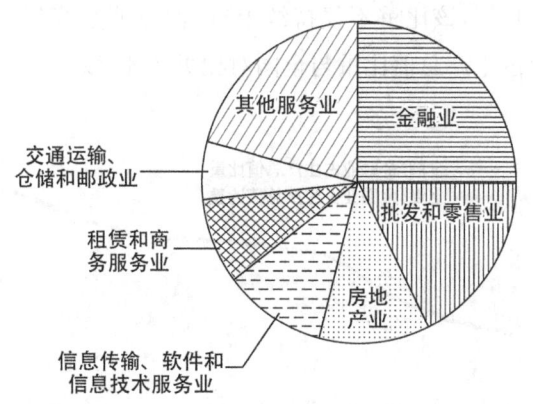

资料来源:IFIND,长城证券研究院。

图4-2 2021年上海市第三产业生产总值结构

2021年,上海市服务业中的金融业、批发和零售业、房地产业生产总值分别占据前三名,上海市第三产业生产总值结构变化见图4-3。

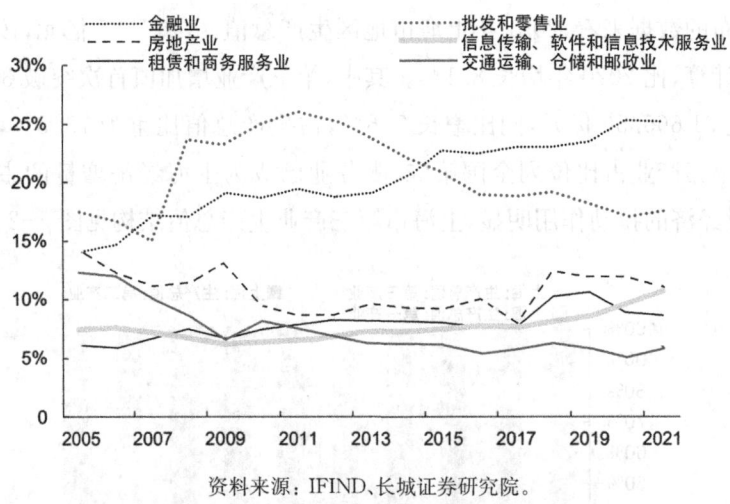

资料来源：IFIND、长城证券研究院。

图 4-3　上海市第三产业生产总值结构变化

金融业作为上海经济增长的重要支柱，对上海经济的拉动作用不断增强。自 2012 年以来，依托于上海金融中心地位，上海市金融业增加值从 2 450.36 亿元上升至 2021 年的 7 973.25 亿元，复合年均增速为 12.52%。金融业增加值占生产总值的比重从 2012 年的 11.50% 增长至 2021 年的 18.45%，该比重不仅持续上升，而且明显高于全国平均水平。上海市金融业占生产总值比重与全国对比见图 4-4。

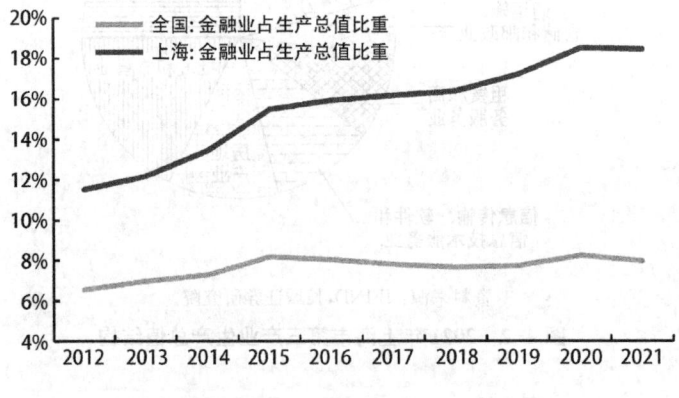

资料来源：IFIND、长城证券研究院。

图 4-4　上海市金融业占生产总值比重与全国对比

上海成为中外金融机构最重要的集聚地之一,国际金融中心地位日益凸显。

七、总结与展望

上海国际金融中心建设取得了重大进展,金融总量大幅跃升,金融改革深入推进,金融开放持续扩大。上海服务实体经济能力不断增强,金融风险防范体系日益健全,国家战略地位进一步凸显。2020年上海基本建成了与我国经济实力以及人民币国际地位相适应的国际金融中心,为全面提升能级奠定了坚实基础。

上海国际金融中心建设要着力厚植优势、补齐短板,以《中共中央、国务院关于支持浦东新区高水平改革开放打造社会主义现代化建设引领区的意见》为指引,准确把握新发展阶段的新机遇、新挑战,有效统筹发展和安全,持续推动金融改革开放,不断增强全球资源配置能力、金融市场定价能力和国际业务拓展能力,力争到2050年建成与社会主义现代化强国相匹配的顶尖国际金融中心。

中国式现代化与上海发展中的金融集结

2022年是中国新时代发展的重要时刻,中共二十大提出了"以中国式现代化全面推进中华民族伟大复兴",上海应高扬中国式现代化的旗帜,发挥上海在全球金融体系中的作用、地位及影响力,实现再攀高峰的目标任务,提升金融在上海经济发展中的服务功能,成为保障我国长三角区域构建现代产业体系的"定海神针"。上海国际金融中心应在奋进征程中梳理认识思维和方向指南。

上海要深刻诠释中国式现代化进程与上海新发展的深远价值。上海金融既需要系统集结、优化重点,又需要理顺逻辑、阐述机理,还需要深化攻坚、有效推进。上海金融要在宏观、中观的时代发展关口吹响集结"冲锋号",明晰发展逻辑链,尽快形成三方面的深化认识和引领思维。

一、拥抱开放世界的上海责任

1. 启动研究中国式现代化中的金融体制、金融市场、金融机构的国家特色,向全球金融贡献中国智慧

金融现代化既是中国式现代化的重要内容之一,又是实现中国式现代化的重要推动力。中国的金融现代化既有金融现代化的一般特征,又有鲜明的中国特色。一方面,金融是中国融入世界经济体系的窗口,与西方各国一样,上海在金融现代化过程中不断推进金融开放和金融创新,更好地发挥金融在现代经济中的核心作用。另一方面,基于中国特色社会主义市场经济体制的金融现代化,金融必然要在体制机制和治理模式方面符合中国国情、凸显中国特色、体现中国智慧。

中国式金融现代化肩负"服务实体经济、防控金融风险和深化金融改革"三大任务,一方面要构建更为开放的金融体制、更为高效的金融市场、更为专业的金融机构和更具活力的金融创新,不断推进金融体系与国际接轨。另一方面要避免过度金融化等问题,以免引发债务危机,危害金融安全。因此,中国式金融现代化既强调金融的专业性、服务性,又强调金融的政治性、人民性,为全球金融健康发展贡献了中国智慧。

2. 融入全球金融体系需要进一步提升中国"第一视窗"上海的开放度

金融开放是新时期对外开放的重要内容,也是更深层次、更大范围、更高水平开放的具体体现。作为中国"第一视窗",上海的国际金融中心已经基本建成,进入3.0版本的深化发展阶段,上海应进一步提升国际化程度。因此,上海要对标全球最高标准与水平,进一步扩大金融对外开放程度。一是扩大开放金融服务业,以打造上海全球资产管理中心为依托,吸纳更多国际金融机构落户上海,进一步拓展上海深度开放的框架基础。二是扩大开放金融市场,增强上海配置国际金融资源的能力和水平,更好地对国际资产进行定价和交易,进一步提升上海金融中心的话语权。三是扩大制度开放。相比市场开放,制度开放是更核心层面的开放,需在规则、规制、管理和标准等领域进一步与国际接轨,需要更好地推进国内和国际金融市场制度的兼容互动,需要中国更多地参与国际金融市场规则和标准的制定,以设立国际金融资产交易平台为契机,创新机制安排,上海作为境内外金融市场的制度"转接口",推动人民币跨境投融资业务创新,更好地满足企业的跨境投融资需求,便利境内外投资者参与我国金融市场。

3. 拓展自贸试验区金融开放政策,上海要当好"先行者",推动成功举措的国家层面辐射、复制

作为我国第一个自由贸易试验区,上海自贸区自建设以来,在投资、贸易、金融等领域进行了大胆探索,取得了重大进展。上海率先开展扩大人民币跨境使用及资本项目可兑换等相关金融改革创新试验,构建了"金融改革开放创新监管沙盒机制",并相继建立了一批创新性金融制度,金融服务实体经济功能显著增强,并形成了一批可复制、可推广的"上海经验"和"上海模式"。临港新片区自挂牌以来,积极探索跨境贸易投资高水平开放外汇管理改革试点,助力自贸区金融创新高水平开放再上新台阶,对标陆家嘴金融城,聚力将新片区打造成新兴金融新高地、金融科技发展

"样板间"。上海自贸区的金融开放应对标国际金融通行规则,推动跨境资金自由流动,创新跨境金融管理制度,深化建设"科创金融"试验区,积极推动跨境金融、离岸金融、绿色金融、供应链金融等新兴金融业态,扩大跨境贸易投资高水平开放外汇管理改革试点效果,为全面深化改革、推动高水平对外开放积累经验,为国家乃至全球金融发展贡献智慧与力量。

4. 主动进行国家离岸金融的试点研究,加快上海离岸金融的推进计划设计,形成与离岸贸易中心适配的离岸金融政策

随着全方位对外开放格局的不断推进,我国的对外贸易也呈现离岸贸易等新业态,离岸贸易不仅涉及传统贸易元素,也增加了很多新元素,离岸状态下货物贸易、服务贸易等贸易业态的采购、生产、销售、物流以及售后都将在境外完成。这些经济活动对跨境金融服务提出了更高要求。因此,上海的深度开放必须是贸易和金融的协同开放,以离岸贸易催生离岸金融,离岸金融服务离岸贸易。2021年,《中共中央 国务院关于浦东新区高水平改革开放 打造社会主义现代化建设引领区的意见》发布,赋予了浦东新区构建与上海国际金融中心相匹配的离岸金融体系,在风险可控前提下发展人民币离岸交易等先行先试的探索任务,未来上海应探索临港新片区内资本自由流入流出和自由兑换,助力上海成为新发展格局下联通国际市场和国内市场的重要枢纽和桥梁。

二、服务实体经济、现代产业体系的上海使命

1. 中国式现代化下国际化大都市构建现代化经济体系的路径阐释

中国式现代化既要遵循现代化的一般规律,又要有自己的特色。上海作为改革开放的"排头兵",有条件也有义务探索一条中国式现代化下国际化大都市构建现代化经济体系的新路径。

在构建现代产业体系方面,上海作为中国近代工业的发源地,要继承我国优良传统,充分发挥科技创新在现代产业中的推动作用,加快建设实体经济、科技创新、现代金融协同发展的产业体系。

在分配环节,上海要建设体现上海效率、促进公平的收入分配体系,实现收入分配合理、社会公平正义、全体人民共同富裕,在现代化产业体系中增加知识、技术等高质量生产要素的收入,提高中等收入群体占比。

在流通环节,上海要充分发挥上海"五个中心"的优势,深化要素市场改革,建设高标准市场体系,同时依托长三角一体化国家战略,发挥长三角腹地超大规模市场优势,以国内大循环吸引全球资源,增强国内与国际两个市场的资源联动效应。

在公共服务方面,依托上海公共服务的基础优势,上海应大力推进科教兴国战略、就业优先战略,健全社会保障体系,以更优质的公共服务辐射长三角区域,增强人民的获得感和幸福感。

2. 上海实体经济的产业结构与区域经济的联动发展规划

从全国范围来看,上海在产业基础方面具有明显优势。上海要在充分收集产业数据的基础上,结合各省市优势产业,描绘长三角区域范围细分产业供应链链式地图,形成各产业"龙头链主企业培育名单","一企一策"制定定制化培育方案,培育若干"链主"企业,在上海优势制造业领域形成具有产业链上下游强大整合能力的龙头企业。此外,还可以尝试依托政府力量整合协调各项资源后帮助目标企业整合全球产业链,尊重企业等微观主体自发形成紧密的对接关系,促进要素的自由流动。

除此以外,上海还要制订先进制造业政策支持体系,以往支持战略性行业发展的政策体系,在鼓励企业创新、建立竞争优势上发挥了不少作用,但也导致部分技术落后的企业依靠财政支持存续,因此政策支持体系有优化空间。我们建议,政策支持体系从"支持行业"转向"支持技术",政府应加大对关键技术的识别能力,大力支持先进制造业关键技术,加速技术应用和迭代,促进上海和长三角产业结构良性互动。

3. 上海构建现代产业体系与国内大循环的联动

构建现代产业体系是上海积极参与国内大循环的重要举措,也是上海引领国内产业体系高质量发展的重要责任。上海构建现代产业体系需要依托长三角一体化发展战略、充分发挥上海的龙头作用、强化制度创新、深化区域合作,推动长三角区域的优势互补和联动发展,在深入分析与研判的基础上清理或合并一些能耗高、污染大、效益低的落后产业集聚区,推进各产业在空间的高质量集聚,同时大力发展生产性服务业,尤其是现代金融、研发技术服务,建设促进技术产业化的中间市场,以对制造业升级形成强大支撑。

在巩固发展传统产业的同时，上海应结合我国优势大力发展新一代信息技术、人工智能、生物技术、新能源、新材料、高端装备、绿色环保等新兴产业。通过增强上海产业链、供应链的韧性，长三角区域各省市一起形成更加稳定、多元、高效的产业分工体系，从而促进产业体系协调发展。上海成为国内大循环的中心节点，助力我国的生产、分配、流通、消费，使国民经济循环更加顺畅。

4. 上海金融业对经济服务集成系统建设的价值与特色建议

经济保障集成系统是产业全链进程中集聚专业服务、供给保障，法规监督和量化评价等环节的综合体系。在经济发展新时期，金融具有"创新、安全"的双重目标。双重目标中的"金融创新"对三维高质量发展推进模型试验具有重要价值。在推进过程中要关注、破解的金融创新难点如下：第一，金融业发展的环境不确定性较大。第二，金融业区域竞争更加激烈且各地已有标准不完全一致，如果按已有的经验做法，恐怕难以有所突破。因此，上海金融要坚定不移地加大金融创新的力度、大力培育发展新兴和特色金融产业、做强金融和准金融机制、切实提升金融服务实体经济的效能。

三、积聚深耕人才，推进发挥上海金融第一资源的潜能

1. 挖掘上海金融发展"第一资源"的核心功能

上海国际金融中心在发展过程中，一直将金融人才中心和创新高地建设作为强市之基、转型之要、活力之源，并且从战略高度进行金融人才的顶层设计和系统规划。特别是浦东新区的陆家嘴金融核心功能区，在培育"第一资源"方面，更加注重人才政策系统化、集成化的建设和在人才引进方面进行全球性、引领性和创新性的探索，以及加强多类人才的分类施策和落地路径实践、核心区域人才发展综合性平台的系统集成。浦东新区金融人才集聚效应初步显现，金融人才发展环境进一步优化，为"十四五"期间发展金融人才资源奠定了基础：第一，金融机构从业人员呈现高学历、年轻化的特征。第二，业务类金融人才和金融科技类人才成为金融机构特别需要的人才类型。第三，一些高校联合推动的人才认证项目为满足不断增长的应用需求进行内容提升。第四，金融机构的人才培训

模式从单一的内部培训向内外结合方向转型。我们梳理、回眸上海金融发展的历程后发现,多层次人才系统建设方面的有效实践是科学提出和升华"人才是第一资源"不可或缺的基础条件。

2. 重视上海金融人才成长演变特点,做足重要的策源研究

针对浦东新区陆家嘴区域金融人才发展状况,我们进行了专题调研,结果显示浦东新区金融业人才表现出两个值得关注的新特点。

一是海外高端优秀人才不断集聚。外资金融机构在中国继续保持良好的发展势头。例如,高盛集团的国际主管将常驻上海,并多次向中国派驻外籍员工,还注意吸纳在海外的中国籍金融高端年轻人才。我国的众多金融机构在集聚海外高端人才的同时,进一步细化了招聘岗位的具体要求。国内金融行业对国际化高端人才的需求将持续走高。

二是金融业的数字化人才需求呈现井喷式增长。数字化转型已经成为金融机构应对外部环境不确定性的关键策略。金融机构对金融数字化开发、数据算法等领域的人才需求旺盛,对电子信息类、计算机类、软件工程类、信息安全类、自动化类、数据分析和挖掘类,以及数理统计类专业背景毕业生的需求量也很大。如何做好金融人才需求类型的梳理和顶层设计,注重设计相应类型人才发展的策源研究和策略规划,已经成为金融人才创新成长的重要突破口。

3. 从金融人才的生态环境出发,形成开阔的人才"第一资源"战略的视野集成

上海金融核心价值有必要从显性的人才资源布局向更深层次的人才资源环境延伸。上海"十四五"期间的金融发展要注重第一资源——人才战略的系统集成。

人才是第一资源,境外金融中心城市人才的争夺较量需要从人才的经济待遇、技术移民规范、技能培育通道等显性的、直接环节上着力,以体现其政策和策略的优势。与此同时,还需要形成人才为"第一资源"的战略视野。研究显示,加强金融中心城市建设,必须优化相应区域的金融人才生态环境建设。上海应在金融核心功能区的发展基础上,巩固、完善、集成现有的成功做法,提升、健全、整合已有的技能和职业发展系统,形成包括运行前台、保障后台、策源高台、智库新台在内的系统性、综合性的人才集成保障体系,体现人才集聚的上海引进机制和人才政策对育才、成才、引才等人才全生命周期的支持体系,配置多管齐下的全方位人才服务保障体制,形成金融人才与政、产、学、研、监、介、用系统集成的合力效应,从而形成上海金融人才的创新型生态环境系统。

构建中国式现代化语境下的上海金融服务体系

一、中国式现代化下中国金融高质量发展的方向指南

2023年,中央先后召开了多个与金融高质量发展相关的重要会议:中央金融工作会议与中央经济工作会议。2024年1月16日,省部级主要领导干部推动金融高质量发展专题研讨班(以下简称专题研讨班)在中央党校(国家行政学院)开班,为中国式现代化下中国金融高质量发展指明了方向。

1. 进一步明确了金融高质量发展的服务地位

金融作为现代经济的组成部分,是推动经济高质量发展的重要力量。金融高质量发展要围绕服务实体经济、防范化解金融风险、深化金融改革三大任务,持续推动金融结构调整,加强金融与科技的融合,提升金融服务实体经济的效率和质量。这一战略定位不仅明确了金融在中国式现代化进程中的核心地位,也为金融高质量发展提供了基本路线。

2. 进一步指出了金融支持科技创新的重要性

科技创新是驱动中国式现代化的关键,而金融则是实现科技创新的重要手段。专题研讨班讲话精神指出,要加大对科技创新的金融支持力度,创新金融产品和服务,为科技创新提供多元化、高效率的融资支持。这体现了金融对科技创新的深刻认识和高度重视,也反映了金融在推动科技创新中的重要作用。加强金融与科技的深度融合,可以为科技创新提供更加便捷、智能的金融服务,推动科技创新成果更快转化为现实生产力。

3. 进一步强调了防范化解金融风险的紧迫性

在金融支持科技创新的过程中,上海必须高度重视金融风险的防范

和化解,要加强金融监管,完善金融风险防控体系,及时发现和化解金融风险,确保金融稳定和金融安全。这一要求体现了对金融风险的深刻认识和高度警惕的重要性,也指出了防范化解金融风险的紧迫性和重要性。只有确保金融稳定和金融安全,才能为金融支持科技创新提供坚实的基础和保障。

4. 进一步指明了推动金融高质量发展的方向和目标

上海要坚持以问题为导向,以改革创新为动力,推动金融高质量发展。同时,上海要加强金融国际合作,借鉴国际先进经验,提升中国金融业的国际竞争力。这些方向和目标为金融高质量发展提供了清晰的路径和指引,也为金融支持科技创新提供了更加广阔的舞台和空间。

5. 进一步强调了加强金融服务实体经济的核心要义

金融高质量发展的核心是更好地服务实体经济。上海要加强金融服务实体经济的能力,推动金融与实体经济深度融合。这一要求体现了金融对实体经济的深刻认识和高度负责,也指出了金融高质量发展的根本目的和归宿。只有加强金融服务实体经济的能力,才能为实体经济提供更加优质、高效的金融服务,推动实体经济实现高质量发展。

6. 进一步明确了深化金融改革创新的关键作用

深化金融改革创新是推动金融高质量发展的关键。上海要深化金融改革创新,推动金融产品和服务创新,提升金融服务的智能化、便捷化水平。这一要求体现了我国对金融改革创新的深刻认识和高度期待,也指出了深化金融改革创新的重要性和紧迫性。通过深化金融改革创新,可以推动金融更加适应实体经济发展的需要,提升金融服务的效率和质量,为金融支持科技创新提供更加有力的支撑和保障。

7. 进一步提出了加强金融国际合作与交流必要性

在全球化的背景下,加强金融国际合作与交流是推动金融高质量发展的必然选择。上海要加强金融国际合作与交流,借鉴国际先进经验,提升中国金融业的国际竞争力。这一要求体现了我国对金融国际合作与交流的深刻认识和高度重视,也指出了加强金融国际合作与交流的重要性和紧迫性。金融国际合作与交流可以借鉴国际先进经验和技术手段,提升中国金融业的国际竞争力和影响力,为金融支持科技创新提供更加广阔的国际视野和资源支持。

综上所述,专题研讨班的开班对中国式现代化下金融高质量发展以及金融支持科技创新具有重要的指导意义。这些会议和讲话精神不仅明确了金融在中国式现代化进程中的核心地位和作用,也为金融高质量发展提供了基本路线和方向指引。同时,会议还提出了金融支持科技创新的重要性、防范化解金融风险的紧迫性、推动金融高质量发展的方向和目标、加强金融服务实体经济的能力、深化金融改革创新以及加强金融国际合作与交流等方面的要求和建议。这些要求和建议为金融高质量发展以及金融支持科技创新提供了全面的指导和支持,为中国经济持续健康发展提供了有力的金融保障和支撑。

因此,上海要深入贯彻落实会议精神,坚持以高质量发展为主题,加强金融服务实体经济的能力,推动金融与科技深度融合,深化金融改革创新,加强金融国际合作与交流,不断提升中国金融业的国际竞争力和影响力。同时,上海也要清醒认识到金融高质量发展以及金融支持科技创新面临的挑战和问题,保持战略定力,坚持问题导向,加强风险防范和化解工作,确保金融稳定和金融安全,更好地发挥金融在中国式现代化进程中的核心作用,为推动中国经济高质量发展作出更大的贡献。

二、体现中国式现代化特质的上海金融现代化运行体系

中共二十大擘画了以中国式现代化全面推进中华民族伟大复兴的宏伟蓝图,发出了为全面推进中华民族伟大复兴而团结奋斗的伟大号召。作为我国经济最发达、现代化程度最高的城市之一,上海一直是改革开放的排头兵和创新发展的先行者,在中华民族伟大复兴新征程中发挥重要的示范引领和先行先试的作用。不仅如此,上海已经基本建成国际金融中心,如何高举中国式现代化的旗帜,如何以金融现代化推进中国式现代化,如何肩负时代使命,如何在推进中国式现代化进程中更好地发挥作用,已成为上海国际金融中心建设的时代命题。

1. 中国式现代化的基本内涵

中国式现代化是马克思主义中国化时代化的重大理论和实践创新。自英国工业革命以来,现代化一直是人类社会追求的基本目标。现代化

不是少数国家的"专利品",也不是非此即彼的"单选题"。历史、文化和制度等方面的多样性,决定了各国选择实现现代化道路的多样性。中国共产党自成立以来,坚持把马克思主义基本原理同中国具体实际相结合、同中华优秀传统文化相结合,围绕什么是现代化、要实现什么样的现代化、如何实现现代化等问题进行了长期的理论和实践探索,实现了经济快速发展和社会长期稳定,创造了人类文明新形态,展现了现代化的另一幅图景。

中国式现代化内涵丰富,是建设社会主义现代化国家的内在要求。中共二十大报告系统阐述了中国式现代化的中国特色、本质要求和重大原则,清晰描绘了全面建成社会主义现代化强国的宏伟蓝图和美好前景。中国式现代化发展目的是实现全体人民共同富裕,除了物质富裕还将同步实现精神富足,这是中国式现代化的重要特征及价值追求;实现方式是人与自然和谐共生的现代化,不走"先发展后治理"的老路;发展路径是走和平发展道路的现代化,坚决反对通过强权政治、单边主义等方式损害甚至掠夺他国利益。总的来看,中国式现代化五大特征既切合中国实际,又符合世界趋势;既有各国现代化的共同特征,又有基于自己国情的中国特色;既有机关联、密切衔接,又层层递进、互为因果,共同构成了中国式现代化系统深刻的理论体系。

中国式现代化理论体系是一个认识、构建、发展、完善的进程,2023年9月,新质生产力的提出凸显了科技创新的关键推动力。新质生产力是科技创新在其中发挥主导作用的生产力,是以高新技术应用为主要特征、以新产业新业态为主要支撑创造新的社会生产时代的生产力。新质生产力有别于传统生产力,涉及新领域、技术含量高,依靠创新驱动是其中关键,新质生产力代表一种生产力的跃迁,它是科技创新在其中发挥主导作用的生产力。新一轮科技革命和产业变革加速演进,与我国全面建设社会主义现代化国家新征程形成历史性交汇。生产力是劳动者和生产资料相结合而形成的利用和改造自然的能力,是人类社会发展的决定力量。世界经济发展的历史就是技术驱动生产力由低级到高级、从落后到先进的演化历程。随着新一轮科技革命和产业变革的兴起和演化,以人工智能、云计算、区块链、大数据、物联网等为代表的数字技术迅猛发展,不仅实现了对产业全方位、全链条、全周期的渗透和赋能,而且推动了人类生产、生活和生态的深刻变化,给人类生产和生活带来广泛而深刻的影响。

2. 金融现代化的一般规律

金融现代化是指一个国家或地区金融体系向更加高效、稳健、创新和国际化的方向发展的过程,其目标是建立一个健全、有效、包容和透明的金融体系,以推动经济的发展。西方国家的金融现代化起步较早,其金融体系在几个世纪的发展中经历了从传统银行体系到现代金融市场和金融创新的演变,这一过程呈现了金融现代化的一般规律,具体来说包括以下方面。

第一,市场化和自由化。西方国家的金融现代化通常伴随着市场化和自由化的推进。政府会逐步减少对金融业的干预,放松对金融机构和金融市场的管制,鼓励市场力量的发挥和竞争机制的形成。

第二,金融创新和产品多样化。金融现代化的一个重要特征是金融创新和产品多样化。通过引入新的金融工具、服务和业务模式,西方国家不断满足不同市场参与者的需求,提供更加灵活和多样化的金融产品。

第三,金融体系的国际化。随着全球化进程的深入,西方国家的金融现代化往往伴随着金融体系的国际化。金融机构扩大了对外业务,建立了全球化的金融网络,参与跨国资本流动和国际金融市场的竞争。

第四,技术创新和数字化转型。西方国家金融现代化的一个重要动力是技术创新和数字化转型。通过应用新技术,如云计算、大数据、人工智能和区块链等,西方国家的金融机构提高了运营效率、风险管理能力和客户体验。

第五,金融是经济发展的保障与运行基础之一。金融被广泛认为是经济发展的保障和基础,这一观点得到了理论和实践的支持,具体体现在以下几个方面:①资金的有效配置。金融体系通过银行、资本市场和其他金融机构,将闲置资金从储户转移到需要资金的借款人手中。这有效地促进了投资和创业,推动了经济增长。企业依赖融资来扩大业务、研发新产品和服务,而个人则需要贷款购房、教育等。金融市场的存在使得这些交易更加便捷。②风险管理。金融领域提供了各种工具来管理和分散风险。例如,保险业可以为个人和企业提供保险,以减轻不可预测的风险。金融衍生品允许投资者对汇率、商品价格和利率等市场波动进行对冲,降低了风险。③货币政策和宏观经济稳定。中央银行通过货币政策管理货币供应,以维持价格稳定和促进宏观经济平衡。这有助于防止通货膨胀或通货紧缩,维持经济的健康增长。货币政策工具如利率调整对经济产生直接影响。④促进国际贸易。金融市场为国际贸易提供了必要的资金和金融工具。外汇市场允许货币兑换,促进了国际贸易和跨国投资。此外,贸易融资和信用支持帮助企业进行跨境交易。⑤提高资源配置效率。金融市场的信息传递和资源配置功能有助于资源流向最有利可行的用途,有助于提高生产率,促进创新和技术进步,从而推动经济增长。总之,金融不仅提供了资金和风险管理工具,还通过货币政策、资源配置和国际贸易为经济的健康增长提供了基础和保障。然而,金融市场的稳定性和透明性也至关重要,因此需要监管来确保金融体系的稳定性和可持续性。

金融现代化对于一个国家或地区的经济发展和金融稳定至关重要,不仅有助于提高金融资源配置效率、扩大金融服务的普惠性,而且有助于推动经济增长和提高生活质量。此外,金融现代化也面临一系列的挑战,西方国家在金融现代化进程中由于过度金融化,引发了金融危机和债务危机,造成了巨大的贫富差距,严重损害了民众的社会福利。

三、中国式金融现代化的内涵

中国式现代化其中一个基本元素就是金融的现代化。中国式现代化包括中国金融的现代化,金融的现代化有很多指标,如功能的多样性,融资、财富管理、便捷支付、激励机制、信息引导等,这些都是金融的功能,金融体系应充分体现这些功能。

1. 金融现代化既是中国式现代化的重要内容之一,又是实现中国式现代化的重要推动力

中国的金融现代化既符合金融现代化的一般规律,又具有鲜明的中国特色。一方面,金融是中国融入世界经济体系的窗口,与西方各国一样,我国在金融现代化过程中不断推进金融开放和金融创新,更好地发挥金融在现代经济中的核心作用。另一方面,根植于中国特色社会主义市场经济体制的金融现代化,体制机制和治理模式必然要符合中国国情、凸显中国特色、体现中国智慧。

2. 中国式金融现代化肩负"服务实体经济、防控金融风险和深化金融改革"三大任务

一方面要构建更为开放的金融体制、更为高效的金融市场、更为专业的金融机构和更具活力的金融创新,不断推进金融体系与国际接轨。另一方面又要避免过度金融化等问题,以免引发债务危机,危害金融安全。因此,中国式金融现代化既强调金融的专业性、服务性,又强调金融的政治性、人民性,为全球金融健康发展贡献中国智慧。

3. 金融服务于实体经济,重要的是要服务于代表未来的实体经济

一个现代化国家经济的竞争力就是科技的力量、金融的力量。资本业态的多样性是金融业态多样性最富有生命力的表现。从天使投资、VC/PE到各种功能多元的私募基金,多种新资本业态蓬勃发展,这是金融创新的重要表现。

4. 金融服务于实体经济,不仅要完成实体经济对融资的需求,而且要满足社会多元化的财富管理需求

随着居民收入水平的提高,社会对资产管理、财富管理的需求日益多样,需要有与其风险偏好相适应的资产类型。因此,金融体系必须创造具有成长性的风险资产,风险资产伴随风险收益,满足居民日益多样化的财富管理需求也是金融服务实体经济的重要内容。

四、上海金融现代运行体系的基本功能

1. 要坚持金融服务实体经济的总体方向

上海要紧随新一轮科技革命步伐,促进"科技—产业—金融"良性循环,为构建更好支持科技创新的上海金融服务体系创造良好的政治生态环境。

2. 要立足于上海市四大功能强化和"五个中心"建设的重要战略布局

上海应当进一步加深对强化科技创新策源功能的理解认识,加强金融科技产业建设,推动金融更好地为强化科技创新策源功能服务。

3. 要充分发挥上海国际金融中心和科技创新中心的区位、人才、资源、政策等优势

上海要在充分借鉴纽约、伦敦、新加坡和中国香港等全球金融中心"双中心"联动发展特点的基础上,打造金融+科技"双中心"的上海模式,促进金融市场和科创市场的相互支持,塑造上海"双中心"的升级版功能。

4. 要深化四链协同模式

上海要推动创新链、人才链和产业链深度融合,拉长并做深金融服务链,更好地为科技创新提供全生命周期、全产业链条的服务,做到以金融服务链和人才培养链共同促进创新链,以创新链带动并提振产业链。

5. 要加强科技创新制度体系建设,强化政策引领,坚持市场约束和法治约束

上海要适时出台资本市场进一步支持科技企业创新的政策措施,提高投融资便利性和规范性,优化市场资源配置,更好地激发科技创新活力。

6. 要突出人才是第一资源的战略定位

纵观国际金融中心城市对金融人才争夺较量的现实,上海金融核心价值还有必要从显性的人才资源布局策略向深层次延伸的人才资源环境、条件和战略全面转型,上海金融现代化的持续推进要进一步挖掘上海金融发展"第一资源"的核心功能。实现中国式金融现代化,必须优化相应区域的金融人才生态环境建设,开拓金融人才环境持续向好的战略运行新局面,做好金融人才需求类型的梳理和顶层设计,注重设计相应类型人才发展的策源研究和策略规划。

五、上海国际金融中心在推进中国式现代化进程中的时代使命

1. 推动金融高水平开放,引领对外开放新格局

第一,发挥"第一视窗"开放功能,推动我国融入全球金融体系。

金融开放是新时期对外开放的重要内容,也是更深层次、更大范围、更高水平开放的具体体现。作为中国"第一视窗",上海的国际金融中心已经进入3.0版本的深化发展阶段,国际化程度进一步提升。因此,上海

要对标全球最高标准、最好水平,不断提升金融服务、金融市场和金融制度领域的对外开放水平,推动规则、规制、管理和标准等领域进一步与国际接轨,更好地推进国内和国际金融市场制度的兼容互动,更多地参与国际金融市场规则和标准的制定,推动我国深度融入全球金融体系,以金融开放引领对外开放新格局。

第二,拓展自贸区金融开放政策,推动成功举措复制推广。

作为我国第一个自由贸易试验区,上海自由贸易试验区自建设以来,在投资、贸易、金融等领域进行了大胆探索且取得了重大进展。上海相继建立了一批创新性金融制度,如扩大人民币跨境使用及资本项目可兑换等相关金融改革创新试验,构建了"金融改革开放创新监管沙盒机制"等,形成了一批可复制、可推广的"上海经验"和"上海模式"。上海自由贸易试验区的金融开放将对标国际金融通行规则,推动跨境资金自由流动,创新跨境金融管理制度,深化建设"科创金融"试验区,积极推动跨境金融、离岸金融、绿色金融、供应链金融等新兴金融业态,扩大跨境贸易投资高水平开放外汇管理改革试点效果,为全面深化改革、推动高水平对外开放积累经验,为国家乃至全球金融发展贡献智慧与力量。

2. 增强服务实体经济能力,助力构建现代化产业体系

一是积极构建现代金融与实体经济相互促进的良性循环。

中共二十大报告提出,坚持把发展经济的重点放在实体经济上。上海国际金融中心应准确把握全面建成社会主义现代化强国"两步走"的战略安排,自觉把服务实体经济放在首要位置,积极引领金融供给侧结构性改革,充分发挥优化资源配置的作用,重点完善创新经济金融支持体系,积极构建金融有效支持实体经济的长效机制,提升金融服务实体经济的质量与效率,努力为实体经济发展提供更高质量、更有效率的金融服务,实现现代金融与实体经济相互促进、相互支撑的良性循环。

二是努力探索金融支持国际化大都市构建现代化经济体系的可行路径。

中国式现代化既要遵循现代化的一般规律,又要有自己的特色。上海作为改革开放的排头兵,有条件也有义务探索一条中国式现代化下国际化大都市构建现代化经济体系的新路径。在构建现代产业体系方面,上海作为中国近代工业的发源地,要继承优良传统,充分发挥金融服务在现代产业中的推动作用,加快建设实体经济、科技创新、现代金融协同发展的产业体系,依托长三角一体化国家战略,发挥长三角腹地金融业发达、产业体系完备、市场规模大等综合优势,率先构建以上海国际化大都市为核心的现代产业体系,打造中国式现代化的"长三角样本"。

3. 聚集金融人才,激发上海金融"第一资源"的潜能

第一,挖掘上海金融发展"第一资源"的核心功能。

上海国际金融中心在发展过程中,一直将金融人才中心和创新高地建设作为强市之基、转型之要、活力之源,并且从战略高度进行金融人才的顶层设计和系统规划。特别是浦东新区的陆家嘴金融核心功能区,在培育"第一资源"方面,更加注重人才政策系统化、集成化的建设、在人才引进方面进行全球性、引领性和创新性的探索、加强多类人才的分类施策和落地路径实践,核心区域人才发展综合性平台的系统集成,秉持"人才是第一资源"理念,在多层次人才系统建设方面进行了有效探索,为"十四五"期间金融发展奠定了人才基础。

第二,优化金融"第一资源"集聚发展的生态环境。

人才是第一资源,上海国际金融中心与境外金融中心人才的争夺较量固然需要从人才的经济待遇、技术移民规范、技能培育通道等显性的、直接环节上着力,以体现其政策和策略的优势。与此同时,上海更加需要形成以人才为"第一资源"的战略视野,优化相应区域的金融人才生态环境建设,在上海金融核心功能区的发展基础上,巩固、完善、集成现有的有效做法,提升、健全、整合已有的技能和职业发展系统,体现人才集聚的上海引进机制,体现人才政策对引才、育才、成才等人才全生命周期的支持体系,力争在"十四五"期间基本形成上海金融人才的创新型生态环境系统。

六、以科技创新为核心的上海金融服务体系创建特征

科技创新是实现中国式现代化的重要驱动力,也是实现我国科技自立自强的迫切要求。随着西方国家在科技领域去风险、"去中国化"策略的推进,我国可能面临更加严峻的科技形势。上海作为科技创新中心,有

责任发挥科技创新引领作用,在重大科技攻关领域参与国际竞争,解决我国面临的困境,这既是上海的使命,也是上海的机遇。

1. 科技创新体系不断完善,金融支持科技创新取得积极进展

《上海科技金融生态年度观察2022》报告显示,2019—2022年,上海科技金融生态指数稳步增长,资本投向科创的氛围愈加浓厚,上海金融支持科技创新取得积极进展,以科技创新为核心的上海金融服务体系得到逐步完善。

第一,科技信贷稳中有进培育上市能力有效提升。

报告显示,2019—2022年,上海科技金融生态指数呈现稳步提升态势。其中,2021年达到最高点163.68分。2022年上海科技金融生态指数略微下滑为163.5分。

科技信贷规模持续扩大。数据显示,截至2022年年末,上海辖内科技型企业贷款余额6 892.48亿元,同比增长33.35%。科技型中小企业贷款余额2 468.3亿元,同比增长9.17%。

科技信贷产品体系逐步完善,知识产权质押融资快速发展。2022年,上海市科技创业中心"3+X"科技信贷系列产品快速发展。同时,上海市知识产权质押数达519项,贷款金额达121.5亿元,较2021年增长173.16%和59.16%。

培育上市能力有效提升。2022年,上海科创企业上市培育库持续扩大,新增入库企业193家,累计入库企业达1 750家,库内新增科创板上市企业13家,累计37家。

第二,股权投资市场蓬勃发展。

根据报告,2022年,上海股权投资1 513起,投资金额2 164.04亿元,整体保持稳步增长态势。投资规模在我国主要省市中持续保持第二位。

其中,早期投资的规模占比较低。上海2020—2022年的投资按轮次归类:种子轮107起、76.89亿元,天使轮628起、259.34亿元。上述两类早期投资占总投资规模的3.84%,投资数量占比16.87%。2022年,在上海新增的85只备案基金中,早期投资基金仅有5支。

行业投向"硬科技"特色凸显。2022年,上海股权投资市场热度集中在信息技术、企业服务、健康医疗、消费生活、生产制造、电子信息等产业。

其中,上海股权投资三分之二的项目投向了战略新兴产业,投向新一代信息技术的上海股权占二分之一,并且主要投向生物医药产业。

第三,多层次资本市场支持科创作用凸显。

报告显示,2022年,49家上海企业在境内外资本市场首次公开发行新股。其中,主板有9家,创业板有8家,科创板有19家。科创板首发募集资金金额达440亿元,占所有企业首发募集资金总额的76%。从行业分布来看,医疗健康领域有20家,集成电路领域有6家,消费生活领域有4家。

多元化融资市场聚焦科创前沿。2022年,上海科技创新债发行83起,总金额达1 028.4亿元,数量与金额较2021年涨幅扩大,科技创新领域蓬勃发展,科技债助力科技成果加速向现实生产力转化。

2. 科技创新使命愈加艰巨,金融支持科技创新形势更加紧迫

第一,上海金融科技中心建设加快推进。

2020年,上海发布了《加快推进上海金融科技中心建设的实施方案》,该方案提出,上海要全速推进金融科技关键技术研发;积极推动大数据、人工智能、区块链、5G等新兴技术深入研发攻关,推动技术创新与金融创新的融合发展;全面提升金融科技应用水平;提高金融科技服务实体经济能力,增强民生领域金融服务的获得感和满意度;全要素促进金融科技产业集聚;大力吸引金融机构和大型科技企业在上海设立金融科技子公司、金融科技研发中心、开放式创新平台,加快形成金融科技企业集群;全力推进金融科技监管创新试点;进一步完善长三角监管协同,推动长三角区域金融科技监管信息共享;全方位营造一流金融科技发展环境;推进跨部门数据共享,依法有序丰富金融科技数据资源;营造公平竞争、有序规范的市场环境,为新兴金融科技产业发展提供法治保障。

在建设金融科技中心具体操作实施层面,上海推出金融科技企业培育、税收优惠、人才引进等一系列措施,力争建成具有全球竞争力的金融科技中心。同时,上海聚焦推动技术创新与金融创新的融合发展,着力提升金融科技应用水平和促进金融科技产业集聚。

科技赋能金融创新,金融支撑科技应用。金融科技赋能金融业,实际上就是科技为金融的发展注入大量资源、注入活力;金融科技能够消除信息不对称,同时对金融交易的方式、金融市场的交易方式都作出很大的改变,显著提高了金融交易效率。大数据是所有科技的支点,也是金融服务的基础。基于人工智能、大数据、云计算、区块链等新兴技术的金融科技对整个金融体系的变革将产生深远的影响。上海推进金融科技中心建设对上海科技金融发展来说是重要的机遇。上海金融科技中心的建设,一方面,将为金融支撑科技创新提供强大的技术支撑。另一方面,为科技金融服务金融科技企业提供更加科学高效的金融服务。

第二,长三角一体化国家战略赋予上海勇当科技创新开路先锋的时代重任。

上海应发挥国内超大规模市场优势,加快形成以国内大循环为主体、国内国际双循环相互促进的新发展格局。长三角区域要发挥人才富集、科技水平高、制造业发达、产业链与供应链相对完备和市场潜力大等诸多优势,积极探索形成新发展格局的路径。

上海要在突破关键核心技术封锁、推动产业创新过程中勇当开路先锋,聚焦重点领域、重大项目、重点区域,高水平推进长三角生态绿色一体化发展示范区、上海自由贸易试验区临港新片区、虹桥商务区、张江科学城等区域发展。上海要积极发挥龙头带动作用,不断提升城市能级和核心竞争力,努力成为联通国际市场和国内市场的重要桥梁。

上海地处我国对外开放最前沿,在推进长三角一体化发展进程中具有特殊地位,必须以更高的站位、更开阔的视野、更大的力度加快改革开放的步伐,成为中国深化对外开放和推动经济全球化、全国发展增长极的引擎。上海未来的开发开放,不是某一领域、某一维度的对外开放,而是全方位、立体化的开放;不是简单地进行"量"的积累,而是开放实现从"量"的扩张到"质"的提升。其中重中之重,就是要实现从要素流动型开放向制度型开放的关键提升,加快建立与国际通行规则相衔接的制度体系,完善市场化、法治化、国际化营商环境。面向"高水平制度型开放"的新定位,上海要实现对内改革和对外开放的深度互动,加大全面深化改革的力度,使市场在资源配置中起决定性作用并更好地发挥政府作用,增强配置全球资源能力,充分发挥长三角一体化国家战略下上海科技创新开路先锋的带头作用。

3. 科技创新环境日趋演变,金融支持科技创新呈现新趋势

(1)"四大功能"引领上海金融支持科技创新。第一,服务全球资源配置功能。一是加大对"总部经济"的支持力度,提升跨国企业总部、纳税百强、贸易型企业总部等合作覆盖面,助力上海实施"总部增能"行动。二是扩大自贸离岸债规模,发展人民币离岸交易;加大CIPS创新产品推广力度,助力扩大全球网络覆盖。三是提升要素市场服务优势,参与国际金融资产交易平台建设,抢抓扩大QFII投资范围政策机遇,促进境内外金融市场联动发展;扩充自主融资渠道,持续提升货币市场交易活跃度。

第二,服务科技创新策源功能。一是积极参与市区两级各类国资创投、产业基金的整合联动,促进市场实现"投早、投小、投硬科技"。二是继续支持浦东新区引领区、自由贸易试验区、临港新片区、虹桥国际中央商务区、G60科创走廊、张江科学城等重点区域的科技企业发展,参与长三角科技创新共同体,助力上海构建开放创新体系。

第三,服务高端产业引领功能。一是引导信贷资源投向重点产业、新赛道和未来产业,助力上海打造世界级产业集群,加大对绿色信贷、民营经济、交通物流等重点领域的投放力度。二是加强资产项目储备,特别是加快外币资产项目落地转化速度,加大"城中村"项目营销力度,推动项目早投放、早落地,确保服务实体经济力度不减。

第四,服务开放门户枢纽功能。一是拓展国际贸易"单一窗口"金融服务功能,保持市场领先地位;大力支持离岸转手买卖授信业务,发展新型离岸国际贸易。二是聚焦头部企业,深挖其境外投资和再融资机遇。三是支持上海发展高端航运服务业,优化航运融资、结算、托管等综合金融服务,助力上海打造世界级的航运枢纽。

(2)适应"颠覆性"创新的科技金融供给。经过多年的努力,我国的科技创新逐步由跟跑为主转向并跑,并在一些领域实现"模仿式"创新向"颠覆性"创新的转变。然而"模仿式"创新和"颠覆性"创新有着显著的区别,如果将科技创新比作金矿,"模仿式"创新相当于"采矿",努力的方向和目标已经明确,只需要通过更便捷的方式采矿。"颠覆性"创新则更接近"探矿",没有明确的方向和目标,创新活动面临更大的不确定性。"模仿式"创新和"颠覆性"创新的这种差异,决定了两者需要不同的科技金融供给,

"模仿式"创新方向明确,适合举国体制下发挥集中力量的优势,打好关键核心技术攻坚战。"颠覆性"创新存在更大不确定性,需要发挥社会力量在更开阔的领域深入探索,以期发现更多"金矿"。为了更好地适应"模仿式"创新向"颠覆性"创新的转变,上海需要进一步激发社会力量参与科技创新的积极性,吸纳更多的社会资本支持科技创新。

(3) 完善市场化的科技创新激励机制。政府在推动科技创新中发挥着至关重要的作用,但从资金来源角度来看,国有资本可提供的支持力度是有限的,国际上科技金融的发展大多经历了从政府主导向市场主导的转变。在市场主导的科技金融模式下,国有资本多以引导基金、创投基金的方式来撬动社会资本支持创新。但从实践来看,由于国有资本的风险承受能力较低,投资决策相对保守,撬动社会资本的功能没有得到充分发挥,这就需要政府进一步理顺市场化的科技创新激励机制,一方面,政府要对科技创新活动进行市场化的风险定价,风险应对从产权抵押转变为风险溢价,政府引导基金容错水平提升,政府能容忍正常的投资风险,进而引导更多社会资本支持科技创新。另一方面,政府要完善市场化的创新收益分配机制,帮助社会资本共享科技创新的收益,形成科技创新和社会资本相互促进的发展格局。通过投资和收益两端的市场化激励,政府进一步激发社会资本参与创新的积极性,引导商业银行等金融机构根据科创企业特点开展金融产品创新,深化投贷联动、银保联动贷款和选择权贷款等领域试点,更好地发挥市场在金融支持科技创新中的激励作用。

(4) 引导资本向科创企业早期阶段发力。科创板的设立拓宽了处在成长期和成熟期的科创企业的融资渠道,然而从科创企业的整个生命周期来看,初创期的科技创新企业普遍面临固定资产少、风险因素多的困境,很难达到传统金融机构的融资条件,国资背景的引导基金更倾向于后期的科创企业,小型和初创期科创企业往往得不到有效支持。这就需要在提升国有资本容错水平的基础上,进一步建立管理团队尽职免责机制,鼓励他们向初创企业投资,进而引导更多社会资本向科创企业早期阶段发力,聚焦小型、初创科创企业和产业链关键环节的创新融资需求,逐步形成"扶早、扶小、扶链"的科技金融助力系统,为早期科创企业提供更高能级的金融服务。

(5) 普惠金融推进科技自立自强。普惠金融致力于以金融的普惠性促进资源的优化配置、实现重点领域和薄弱环节的有力支持，推动发展成果由人民共享，其与中国式现代化所内含的价值要求高度一致。因此，发展普惠金融是推进中国式现代化的逻辑使然和实践必然。普惠金融是实现创新发展和科技自立自强的重要引擎。普惠金融破除了广大小型微利企业和创业者进入金融市场的壁垒，小型微利企业贷款、创业贷款、VC、PE等都将提升小型微利企业及创业者资金的可得性，显著改善技术创新活动的融资约束，激发技术创新的社会底层动力和内在活力。特别是初创型小型微利科技企业获得资金支持后，可以将更多的资源投入高效研发，促进创新技术迭代、落地及应用，在空间知识溢出协同下推动行业技术进步与产业全要素生产率提升，为创新型国家建设奠定了基础，成为科技自立自强的中坚力量。

国际、国内视野下金融支持科技创新的比较、借鉴

一、国际视野下金融支持科技创新的典型政策、经验汇总

1. 美国

作为资本活动最活跃的地区之一,美国在金融支持科技创新方面以全流程的金融投资为主。凭借强大的风险投资文化,鼓励投资者积极寻找高潜力的初创企业。同时,灵活的股权融资机制,使科技公司可以更容易地筹集资金,并与投资者共享风险和回报。在保护科技成果方面,美国通过知识产权法律和破产法律保护创新者的权益,降低创新的风险。美国政府在基础研究领域投入了大量资金。这些特色经验做法相互融合,以金融为主,为创新者提供了广泛的资源和机会,推动美国在科技创新领域的发展。

(1) 金字塔结构资本市场。美国的资本市场是一种特色鲜明、层次分明、风险分散的金字塔结构,可分为三个层级:第一层是主板市场,即纽约证券交易所(NYSE),定位成熟期产业化阶段的科技型企业所需的巨大上市融资需求。

第二层是二板市场,主要包括全美证券交易所(AMEX)和纳斯达克。其中纳斯达克作为全球最大的股票市场,是美国资本市场服务高科技企业的主要渠道和风险投资市场的有效退出渠道。纳斯达克成立于1971年,是世界上第一个电子股票市场和全球第二大证券交易所。在全美上市的新兴科技公司中,除极少数几家在纽约交易所上市,其余都在纳斯达克上市。在纳斯达克上市的5 500多家公司中,约有近2 000家属于高科技公司。

第三层可以理解为另类股票市场,美国也为一些小型的科技企业提供更为灵活的OTCBB市场,即专门协助高成长型高科技公司进行资本运作的市场,解决初创期科技企业的融资、产权评估、风险投资等问题。因此,通过完善的资本市场,美国的初创企业通常更容易获得股权融资,这使得投资者和企业有更大的共享风险和回报的机会。初创企业可以通过私募股权融资以及公开上市来筹集资金。美国的资本市场非常发达,有利于公司在更早的阶段获得资本。

(2)创新的法律环境。美国拥有创新的法律环境,制定了如《中小企业法》《中小企业投资法》《小企业创新发展法》等创新法律。其中,小企业管理局的设立最为有效,小企业管理局是美国政府设立的向技术创新企业提供资金支持、政府采购、信息咨询、创业培训等服务的专门机构。小企业管理局除了为创新型小企业提供咨询和管理培训服务,还帮助创新创业者获得资金支持,包括提供担保以获得商业银行贷款、直接提供风险资金、协助获得联邦部门的研发项目与合同等。通过对技术创新项目相应的扶植和培养,小企业管理局在客观上起到了激励全社会进行技术创新的作用。此外,破产法律也是美国相对于其他国家创新的产物,从信用和金融层面鼓励创业者在失败后重新开始,降低创新的风险。

(3)广泛的政府支持。美国也将金融支持创新政策延伸到大学校园,大学校园内的孵化器和技术转让办公室为学生和教职员工提供了创业支持,有助于将研究成果转化为商业成果。这些孵化器通常是由大学或与大学合作的机构设立和管理的,大学孵化器为初创企业提供了许多资源,包括办公空间、实验室设施、计算机设备和会议室。这些资源有助于初创企业降低启动成本并进行研发和测试,以及与潜在合作伙伴和投资者进行会谈。同时,这些孵化器也会聘请经验丰富的导师和顾问,他们拥有商业、技术和市场领域的专业知识。初创企业可以从这些专家的指导和建议中受益,专家帮助初创企业解决问题、制定战略和推动业务增长。许多大学孵化器建立了与风险投资家、天使投资者和风险投资基金的联系,帮助初创企业筹集资金。这些孵化器还可能提供小额的初期资金支持,以帮助企业进行产品开发和市场验证。

在政府支持层面,美国政府在科技创新方面起到了积极的推动作用,尤其是在基础研究领域美国政府推动了科技创新。国家科学基金会和国家卫生研究院等机构提供了大量的研究资金,促进了许多重大科技突破。对于一些有一定产品产出的科技企业,美国政府一直以来通过政府采购制度支持这些创新公司,促进高新技术产业发展。例如,在硅谷形成的初期,其订单有25%来自政府采购。政府采购政策减少了企业创新的市场不确定性和风险,对于促进企业创新,尤其是新技术的产品转化具有极其重要的推动作用。

美国拥有多个科技创新中心,如硅谷、波士顿、纽约和奥斯汀等。这些地区吸引了创业家、工程师和投资者,形成了独特的创新生态系统,有助于知识交流和合作。其中最为出名的便是硅谷地区,硅谷拥有全球大型、活跃的风险投资生态系统。该地区吸引了大量的风险投资机构和天使投资者,这些投资者积极寻找高潜力的初创企业并提供资金支持。硅谷的风险投资社区有助于将创新的想法转化为实际的商业成果。同时,硅谷也拥有许多初创企业孵化器和加速器,如 Y Combinator 和 Techstars 等。这些机构提供了资金、办公空间、导师等资源,帮助初创企业进行产品开发、市场验证和成长。

2. 以色列

以色列在金融支持科技创新方面的特色经验是打造独特的风险投资生态系统。以色列拥有全球最高密度的初创企业和风险投资机构,这得益于其强烈的创业文化和高度敏感的风险投资者,他们愿意支持早期阶段的科技创新项目,这也使得以色列被誉为"中东硅谷"。以色列拥有的高科技企业和创业公司仅次于美国,拥有的风险投资和专利申请仅次于美国和日本,拥有的纳斯达克上市公司数量仅次于美国和中国。在彭博社 2022 年创新指数排名中,以色列是排名第五的最具创新力国家。

(1)更注重风险投资投入比率。相比于其他地区,以色列更加注重风险投资投入比率,这也使得大量资本来到以色列进行投资。因此,以色列政府更乐于利用金融和激励政策主动参与科技创新活动,在创业公司从一个创业想法到技术研发成功的过程中,来自国家首席科学家办公室的投资会参与其中。当创意初见成效、项目的确定性风险极大地降低之后,孵化器就会变身风险投资机构领投,帮助这些初步成功的公司建立"商业化原型",并与拥有客户和市场的大型跨国公司对接,帮助其成功实现商业转化。如果项目的商业转化取得成功,那么就会有股权投资机构和投资银行进一步参与,或者卖给急需技术的跨国公司、独立上市,从而完成质变。在这个创业公司的"生产流水线"中,投资机构、跨国大型企业和国家首席科学家办公室各司其职,分工明确,并且各自都能形成"良性自循环"的体系。

(2) 特色的"良性自循环"体系。风险投资机构一般都有自己的"良性自循环"体系。举例来说,如果是2亿美元的投资,一般会投资20~25家公司,这是以四年为周期的投资,这些公司里面40%会以失败告终,不会给投资者带来收益。30%~40%的企业会有一倍或者三倍的投资回报。大概只有2~3家会取得巨大成功,被大型公司收购或者上市。作为这条产业链的最后一环,跨国公司也是最终受益者。这些大公司越来越意识到,从长远来看,如果不创新,他们就会破产,内部创新又非常困难,却有可能通过专利使用权和股权方式获得新的技术。所有大公司都需要创新,而以色列的初创公司恰恰能满足他们这个要求。

(3) 完善的金融支持技术转移及人才发展政策。此外,以色列政府还更加倾向于使用金融手段来促进技术转移和合作,以色列政府设立了多个创新基金,如以色列技术转移公司、创新权益基金和以色列创新探索基金,用于支持高风险、高回报的创新项目。这些基金为初创企业提供了早期资本,帮助他们开发新技术和产品。其中以色列技术转移公司是以色列用金融手段推动科技成果转化最具特色的代表性机构,以色列研究型大学和科研院所均设立了全资的技术转移公司。技术转移公司作为大学的非营利附属机构运营,将学术研究商业化,以独立的法人实体身份,全权负责挖掘、保护和商业化科研成果。技术转移公司的出现加速推动科研成果产业化,2013—2022年以色列技术转移公司平均每年通过出售知识产权所得收入约为6.5亿美元,整体保持在较高水平。技术转移公司已经形成一套市场化的科技成果转化流程和模式,以灵活的方式将高校的科研成果推向市场。

在人才支持层面,以色列拥有深厚的科技人才库,以色列通过多层次的金融支持体系积极培养和吸引科技人才。首先,政府和私营部门提供丰富的奖学金和助学金,鼓励学生攻读科技相关学位,并减轻他们的经济负担。其次,以色列政府通过资助科研项目,如国家科学基金会,为科研人员提供了研究资金和资源支持。最后,科技竞赛和活动激发了创新精神,为有志于科技领域的人提供了展示才华的机会。创新孵化器和风险投资市场为初创企业提供了资金和导师支持,助力创意转化为商业成果。

3. 日本

相比于美国和以色列,日本科技创新的金融支持主要依靠政策性金融机构。日本政府在引导科技产业发展方面更为直接,通过投资和政策制定来推动特定领域的技术发展。这些机构除了提供贷款支持,还为科技企业提供咨询服务、搭建信息沟通平台等增值服务。为满足初创企业的融资需求,充分利用银行业的主导优势,日本建立了中央与地方风险共担,担保与保险有机结合的信用保证体系。这种中央和地方两级担保的信用制度,完善了间接融资市场,也有效实现了对科技型初创企业的金融扶持。日本主要依赖银行等金融中介实现资本的供需对接。这种以银行为中心的金融体系在经济追赶期间较好地解决了银行和企业之间信息不对称等方面的问题。

(1) 日本信用补全制度。日本信用补全制度是信用担保与信用保险的有机结合,有效发挥了增信作用,可降低科技企业融资成本,提升金融可得性。在发展过程中,日本企业发展需要大量的资金,企业资金的内部积累严重匮乏,同时证券市场不发达,企业只能依赖银行的贷款。因此,日本就形成了独特的以"银行中介"为主导的金融支持体系。该方式通过间接融资把银行资本和产业资本有机地组织起来。同时,为了解决间接融资与企业技术创新的不匹配关系,日本除了建立商业银行体系、发展民间的金融融资机构解决企业"资金难"问题,还在政策、法律、信用担保、资本市场等方面为企业技术创新的发展提供必要支持。

(2) 大财团主导的产业投资。日本的金融机构和大型企业通常在多个产业领域进行投资,包括传统产业和新兴科技领域。这种多元化的投资策略有助于分散风险,同时也促进了不同领域之间的技术转移和知识分享。在日本,政府出资400亿~500亿日元成立了中小企业事业团,对各级地方政府提供10年期的无息融资,支援其设立风险投资企业财团,并成立了风险企业中心,为风险企业从银行贷款提供担保,帮助它们进行信息交流。日本以附属于大型金融机构和大型企业集团的风险投资公司为主体,资金也主要源于这些金融机构和企业集团,风险资本更多地表现为金融机构的融资功能,而不是投资。一是建立创业家孵化器帮助创业。二是提供金融和财务方面的支持。例如,由中央、地方政府和民间企业共同出资设立风险基金和中小企业基金,实行无担保、无利息的新创业融资制度等。三是对具有创新潜力的风险企业,实行扩充天使投资税制、减免个人风险投资者所得税等优惠政策。而这些金融机构和企业在支持科技创新方面通常具有更长期的投资视野,这意味着它们更愿意投资风险较高但长期潜力巨大的项目,而不仅仅是短期回报较快的项目。

(3)深入校园的金融支持创新。日本的金融机构通常与大学合作,为校园中的技术研发提供资金支持。金融机构与大学建立了伙伴关系,提供研究基金和设备,有时还共同开展研究项目。这种合作有助于将学术界的理论知识与产业界的实际需求相结合,促进了技术的应用和商业化。日本的大型企业也积极参与校园中的技术研发。大型企业与大学合作,共同进行研究项目,提供资金和实验室设备,并聘请大学教授和研究人员为顾问或员工。这种产学研合作有助于加速科技创新,将研究成果转化为实际应用。此外,日本注重知识产权保护,鼓励校园中的研究人员申请专利。金融机构和政府机构通常提供知识产权支持,帮助研究人员保护其创新成果,并将其转化为商业机会。

4. 德国

德国在金融方面支持科技创新的特色经验做法反映了其强大的工程和制造业传统,以及高度的研究与发展文化。总的来说,德国的特色经验包括银行的产业专业化、产业集群和初创科技型企业网络、政府研发资助计划、技术转移和高校产业合作,以及长期投资和风险分担。这些特色经验有助于德国在科技创新领域保持竞争力,鼓励企业进行研发投资,并促进科技研究成果的商业化。

(1)德国全能银行。德国的银行系统以其与产业的紧密联系而著称。德国银行通常在一定产业领域具有深厚的专业知识,这使得银行更容易理解并支持企业的技术研发需求。与其他地区相比,德国的银行更愿意提供长期贷款,支持中小型企业的创新项目。德国的银行主导型科技金融体系体现为"全能银行"在科技金融发展中起主导作用。广义的全能银行是"商业银行＋投资银行＋保险公司＋非金融企业股东"。全能银行高效率的运作,对德国经济的发展起着不可替代的作用。

全能银行的优势如下:第一,混业经营提高效率,全能银行庞大的网络优势可降低信息采集成本,改善银行和企业之间的信息不对称。第二,稳定发展,全能银行的资本充足率高,规模经济和范围经济也具有抗风险的优势。第三,强大的资金实力为经济发展提供了重要的保障。第四,强化间接融资的同时,整合直接融资市场和间接融资市场,为风险投资公司提供大部分资金,风险投资市场偏向稳健发展。

(2) 产业集群共同发展。德国有许多产业集群,这些集群有助于技术创新和知识共享,企业之间可以更容易地合作和创新。此外,德国的初创科技型企业网络也非常强大,网络通常在技术创新方面具有灵活性和创造力,银行和投资者愿意为这些企业提供资金支持。金融机构还促进了产业集群和初创科技型企业网络之间的合作。金融机构通常与企业建立联系并介绍合适的合作伙伴,从而推动知识和技术的共享。金融机构也可以帮助企业牵线搭桥,促成合作项目的达成。此外,金融机构在技术转移和商业化方面发挥了关键作用。金融机构提供了知识产权保护、专利申请和市场准入的支持,帮助企业将研究成果转化为商业机会。这有助于确保创新不仅仅停留在实验室,而且能够在市场上得以应用。

(3) 德国政府金融扶持。德国政府通过多种渠道支持技术创新。例如,德国联邦研究部门和德国研究基金会为技术创新提供了大量的研发资金,鼓励科学家和企业合作进行前沿研究。政府还设立了创新计划和创新基金,支持创业公司和初创企业。德国研究基金是德国科学和研究领域的重要支持机构,具有多个与其他项目不同的特点,并获得了金融的强大支持。首先,德国研究基金是德国最大的独立性研究基金,与政府无直接关联。这一独立性是德国研究基金与其他政府主导或政策受控的研究项目明显不同的重要特征。德国研究基金的资金分配和项目决策完全基于科学和研究质量,而不受政治利益的影响,这有助于确保科学研究的自由和客观性。其次,德国研究基金的资助领域广泛,涵盖了自然科学、工程技术、生命科学、社会科学和人文学科等多个学科领域。研究基金不仅支持基础研究,而且鼓励跨学科研究和协作项目,提供了多样性的研究机会。最后,德国研究基金还以其高度透明和严格的评审流程著称,该基金与其他项目的区别在于,德国研究基金的评审程序以科研质量和潜力为基础,而不受政治干预或其他不相关因素的干扰。这确保了研究项目的公正和高水平。最重要的是,德国研究基金为各类研究项目提供大规模的金融支持,包括个人研究计划、协作项目和研究中心。德国研究基金的资金支持有助于德国的研究人员进行高水平的科学研究,推动了创新和学术进步。

德国政府和银行也愿意分担一部分风险,鼓励创新投资,降低企业的融资成本。在德国,初创科技型企业从创业、技术创新、再投资到培训、咨询、展览、出口等,均可得到政府金融贷款或担保支持。例如,企业在创业阶段可以得到欧洲复兴计划的自有资本援助计划、创业援助方案以及德国清算银行的创业援助计划等的支持。创业者通过自有资本援助计划获得的贷款无需抵押,创业者可以在 10 年之后开始偿还。

德国政府扶持初创科技型企业发展的资金主要通过德国清算银行和德国复兴信贷银行这两大政策性银行和各州的政策性银行、商会等组织间接发放到企业,政府对资金的使用情况进行严格的监督。国家每年提供资金用于向初创科技型企业贷款的银行提供利息补贴,补贴幅度为 2%~3%。同时,政策性银行为企业提供银行贷款担保,承保损失达 60%。例如,德国清算银行的创业援助计划给予创业者在起步阶段和创业以后的 8 年内所需资金提供投资形式的支持。初创科技型企业还可以从银行得到投资担保资金,以减少对新产品、新工艺的投资风险。

5. 英国

英国在金融方面的做法与美国类似,英国通过多元化的融资途径、创新税收激励、技术创新基金、强大的创业生态系统、国际化的金融中心和卓越的研究与教育体系在全球科技创新领域保持竞争力,同时吸引国内外的创新项目和投资。

(1)英国公共资助计划。英国提供了多种融资途径,包括传统银行贷款、风险投资、天使投资、股权众筹等。这种多元化的融资选择使初创企业和创新项目更容易获得所需的资金,满足不同发展阶段和风险水平的需要。其中最为特色的是英国设立的公共资助计划,英国的小企业研究计划是一项政府采购计划,于2001年实施。该计划以美国1982年推出的小企业创新研究计划为基础,旨在通过为中小微科技企业及其合作伙伴提供政府合同、为公共部门提供解决方案来促进企业的创新活动。该计划有双重目的:一是通过资助开发基于新技术和商业化的产品和解决方案来激励企业创新。二是为政府部门及其机构提供新的技术解决方案以提高其服务效率。

从资助情况看,第一阶段合同的资助额通常在5万~10万英镑,为期6个月;第二阶段合同资助额的平均值为36万英镑。自2001年以来,该计划的资助额已超过10亿英镑。有100多个公共部门参与该计划,其中包括国防部和国家安全机构、卫生和社会保障部、运输部和国家医疗服务体系,以及地方政府的公共部门等。

英国政府通过研发税收抵免、创业投资者税收优惠等方式提供了税收激励,鼓励企业增加研发投入和吸引风险投资。这种税收政策有助于降低企业的创新成本,从而吸引国内外投资者。例如,为鼓励和支持企业研发创新,初创科技型企业可以申请研发成本阶段的公司税减免。

(2)发展成熟的创业生态系统。在政府支持方面,英国拥有成熟的创业生态系统,包括孵化器、加速器、科技园区和创业支持机构。这些生态系统为初创企业提供的不仅仅是资金支持,而且有导师指导、市场准入和合作机会。同时,英国设立了多个技术创新基金和科研机构,如英国创新署和英国科学与技术设施委员会。这些机构提供资金、资源和支持,帮助企业和研究机构进行技术研发和创新项目。2021年2月,英国政府宣布成立高级研究与发明局。高级研究与发明局旨在灵活、快速地资助高风险、高回报的科研项目,帮助英国巩固全球科技强国的地位,通过创新更好地帮助英国恢复重建。高级研究与发明局获得英国政府8亿英镑的支持,将自由地、快速地识别和资助转型科技,帮助发明家将转型理念转化为新技术、产品和服务。高级研究与发明局将参考美国高级研究计划局(ARPA)等机构的做法,致力于研发类似互联网和GPS等转型技术,改变人们的生活和工作方式,同时提高生产力和促进经济增长。

6. 新加坡

新加坡在金融方面支持科技创新的做法可概括为政府主导、战略性投资、国际合作、知识产权保护和科技园区建设。政府扮演着推动科技创新的关键角色,政府通过发放各种资金和制定计划鼓励研究与发展,同时积极寻求国际合作,促进知识和技术的共享。此外,强有力的知识产权保护和先进的科技园区为企业提供了稳固的基础,全球范围内的科技公司和投资者的到来使新加坡成为一个蓬勃发展的科技创新中心。

(1) 政府主导的投资计划。相比于其他国家,新加坡政府在科技创新方面发挥了关键作用,通过设立各种机构和投资计划来推动科研与发展。例如,新加坡政府成立了新加坡国家研究基金来支持基础研究和应用研究,还设立了创新与科技创业局来促进创业和技术转移。新加坡政府通过投入各种资金,如研究资助、创新资金和风险投资基金,向科技创新项目提供战略性投资。这种投资不仅仅关注商业回报,而且关注国家的长期利益。政府投资旨在培育新兴产业、吸引全球科技公司设立研发中心,提升新加坡在全球科技创新领域的地位。这种政府主导的方法有助于确保科技创新在国家发展中的战略性和长期性。新加坡政府在利用政策推动风险投资发展的同时,通过其下属投资机构,设立政府自身的风险投资机构,并且与国际知名机构合作成立风险投资公司,直接参与风险投资运作。政府的参与一方面起到了明确引导投资方向,与其他风险投资机构共担风险的作用。另一方面也利于投资者树立信心,吸引更多的外来风险投资资本。

新加坡也积极吸引国际风险投资机构到新加坡设立分支机构并开展风险投资业务,促进新加坡与国际接轨,引进成熟的经营管理经验。同时,新加坡政府设立第二板证券交易市场,一方面为科技型企业上市融资、挂牌交易提供便利。另一方面也在本地建立了风险资本的退出机制,促进了本土风险投资业的发展。跟美国、日本等许多国家一样,新加坡政府也推出了鼓励和支持风险投资的税收优惠措施。新加坡经济发展局颁布的促进风险投资税收优惠方案规定,获认可的风险投资机构,在当地开始营运的5—10年,可享有完全免除所得税的优惠待遇。

2019年,新加坡承诺投资2.25亿新加坡元来推动金融科技创新,这催生了40家由全球银行和保险公司设立的创新实验室,促进了近500个项目的发展。

相比其他国家,新加坡政府最具吸引力的措施是政府对风险投资的损失提供补贴和税收抵补。根据这一政策,风险投资机构经营若连续3年出现亏损,可获得相当于其风险投资额50%的政府补贴;风险投资机构在得到新加坡政府批准的高技术项目投资后,若项目失败,则可免交相当于投资金额50%的所得税。这一措施,对于吸引国际风险投资机构落户和促进风险投资机构向高风险企业或项目投资起到了极其重要的推动作用。

(2) 新加坡特色"监管沙盒"。新加坡以开放的态度应对新兴金融的发展。为了支持新兴金融的创新以及对科技创新的辐射,新加坡金融管理局采用了"监管沙盒"制度。监管沙盒指的是新加坡金融管理局在限定的业务范围内,简化金融科技市场准入标准与门槛,在确保投资者权益的前提下,允许各种金融科技创新业务迅速落地,随后根据这些业务的运营情况决定是否推广。这种方式能够让金融科技企业在相对宽松的环境进行业务创新。但是,这项监管制度并不是强制性的政策,而是支持性的政策。事实上,很多新加坡金融科技企业不会进入沙盒,新加坡金融管理局也不会强制企业进入沙盒。

虽然新加坡国土面积不大,但新加坡建设优越的研发基础设施、提供支持服务、促进产学研合作,吸引国际企业设立研发中心,并推动创新生态系统的发展。这些科技园区为科技企业提供了理想的环境,有助于推动科技创新、商业化和国际化,使新加坡成为一个受欢迎的全球科技创新中心。

二、国内其他城市金融支持科技创新服务体系建设的比较分析

1. 北京——打造国际创业投资集聚区

2023年的中央经济工作会议明确提出要鼓励发展创业投资和股权投资。这一决策旨在激发市场活力,促进创新驱动的经济增长,为我国经济

的高质量发展注入新的活力。北京积极打造国际创业投资集聚区,以吸引国内外优秀的创业投资者和股权投资机构,旨在进一步提升北京在全球创业投资领域的地位,促进资本、技术、人才等创新要素的深度融合。

国际创业投资集聚区一期坐落于朝阳区,拥有创新的企业发展服务中心,包括政务服务站、国际人才一站式服务站、企业专业服务站,整合政府、园区和行业组织的优惠政策和资源,为集聚区及周边科技企业提供"一站受理、多方联动"的管家式服务模式。国际创业投资集聚区以东湖国际中心为基础,朝阳园功能区为核心,CBD功能区、奥运功能区等区域为重点区,建设创业投资生态服务、数字科技应用、科创场景开放、国际企业创新四大功能中心,聚焦创业投资生态重要环节,发挥功能辐射作用,形成适合创业投资行业高质量发展的生态体系,为创业者提供更广阔的融资平台,降低创业门槛,助力更多优质的创业项目快速成长。

集聚区创立初期,朝阳区出台了集聚区高质量发展"政策18条"(《促进中关村朝阳国际创投集聚区高质量发展"政策18条"》),从创业投资服务、风险投资、产业发展、企业上市、人才引进五个方面,支持入驻项目的发展。朝阳区还积极搭建国际人才交流平台,为创业投资基金及其所投资优质企业提供专业化、精准化、人性化服务等一系列举措。针对小微企业,集聚区通过"两减两补两保障"来降低企业运营成本,"两减"指的是减税费、减房租,按照50%税额幅度顶格减征"六税两费",将科技型中小企业研发费用加计扣除比例提高到100%等。"两补",就是通过贷款贴息和担保补偿、科技型企业创新补助帮助中小微企业解决发展难题。"两保障"则指的是建立中小微企业帮扶政策落实机制,抓好全市中小微企业数据库的统筹和完善,开展中小微企业经营状况抽样调查,定期开展政策落实督查评估,打通政策落地"最后一公里"。

北京通过集聚区的打造,科技创新发展指数持续增长,截至2023年年底,总指数得分近10年增幅达83.81%,年均增长率达6.99%。北京创新资源、创新服务、创新绩效三项一级指标均排名全国第一。

2. 深圳——数字金融支持科创企业发展

在2020年,深圳被纳入中国人民银行金融科技创新监管试点。深圳以区块链、大数据、人工智能等技术,为中小微企业提供金融服务,涵盖供应链金融、信用普惠服务等多种应用场景。在全国政策的指引下,监管机构联合金融系统,也在不断创新小型微利企业贷款的授信方式。深圳以信息流、支付流、物流等数据为基础依据,通过金融科技手段达到成本和风险的平衡。

互联网银行是以科技为核心驱动力的持牌商业银行。在深圳,以微众银行为代表的互联网银行,在传统金融体系之外,为小型微利企业提供了解决资金问题的新途径。在深圳的支持下,微众银行在2017年开始探索小型微利企业信贷,推出了国内首个线上无抵押企业流动资金贷款产品"微业贷"。依托大数据和云计算技术,贷款能够实现从申请到提款的纯线上操作;而在申请贷款方面,企业无需抵质押,可借额度即时可见,资金到账速度也极快,还款方式灵活。互联网银行的入局能有效解决小型微利企业多变的借款需求。

深圳作为中国的科技创新之都之一,一直走在金融科技的前沿。金融科技不断地深入发展,已经渗透深圳科技创新的每一个"毛细血管"。为了全方位满足科技企业的融资需求,深圳不断创新和推出各种金融产品。"孵化贷""成长贷""集合发债""集合担保信贷""知识产权质押贷""研发贷""科技保理贷""微业贷"等金融产品也在深圳各区落地,这些金融产品的推出,不仅丰富了小微科技企业的融资渠道、降低了融资成本,而且为我国科技创新的蓬勃发展注入了强大的动力。在数字金融的支持下,深圳的科技创新企业得以更加便捷、高效地获得所需的资金,从而加速了科技创新的步伐。

2023年,中央金融工作会议提出,要做好科技金融、绿色金融、普惠金融、养老金融、数字金融五篇大文章,并为各地区提供了明确的发展方向。深圳借助金融科技不断支持科技创新企业发展,加入专利等独特数据源形成科技创新企业专属的信用评价模型,开设专属的信贷通道,风险合规前提下在授信审批方面给予科技创新企业便利、更高授信额度,以及一定的优惠定价等,不断加大对科技创新企业的信贷支持力度。

3. 合肥——构建科技担保生态体系

合肥高新区充分发挥政府性担保机构"信用放大器"功能,根据科技创新企业"轻资产、重智产"发展特点定制,推动"担保+科技"模式,实现金融与科技的深度融合，以服务数字化驱动科技创新企业高质量发展。政府持续构建科技担保生态体系，助力科技创新企业发展。

在传统的信贷审批体系中，科技创新企业融资受到诸多限制。为帮助科技创新小微企业从"种子""幼苗"长成"参天大树"，合肥高新区创新融资评价要素，依托区域经济主体，打造贴近科技创新企业发展的评价模型，将科技企业的评价标准从还贷能力、营业现状等，提升为包含研发费用等创新指标的多维度成长评价体系，实现线上信用评价、自动审批。

合肥高新区从分散化的项目向批量化的产品转型，贷款投资联动促批量对接。通过构建风险收益匹配机制，实现银行、创业投资、担保深度互动，有效增加科技创新企业的金融供给。相较于传统以企业财务状况为依据的"资金流"评价体系，合肥高新区创新推出科技创新企业"技术流"授信评价模型，通过模型优化、要素创新等，强化对人才、技术的考量，真正把科技创新企业的"智产"转化为"资产"。

4. 成都——打造梯形融资升级版

成都高新区坚持"以金融创新驱动科技创新，以金融服务提速产业发展"，探索"内源融资＋政府扶持资金＋债权融资＋股权融资＋改制上市"为不同成长阶段科技型企业提供不同融资工具组合的"梯形融资模式"，打造了将市场化运作和公益性目标有效结合的"盈创动力"科技金融服务平台，形成了依托全资国有公司引导民间资本积极参与的投融资服务格局。

在探索完善梯形融资模式过程中，成都高新区以金融产品链的打造为重点，联合银行、保险、担保、金融平台等各类机构，推进"银政保、担保＋期权、P2P、信用保证保险、企业互助担保、去担保、投贷联动"等债权融资创新模式，打造差异化梯形融资升级版，加速其打造创新驱动发展引领区、高端产业集聚区、开放创新示范区和西部地区发展新的增长极进程。

其中，"高新创业贷"对象为计划或正在创业及转型升级的微型或小型企业；"助保贷"引导企业互助互担，由成都高新区财政出资为助保资金池铺底资金；"科技通"则采取完全去担保化模式，采用纯信用或知识产权质押，无需任何实物抵押物，贷款成本仅有利息一项。

成都高新区在建立企业梯度培育体系的基础上，构建"一库一池一办一会"四层风险缓释机制，"一库一池一办一会"四层风险缓释机制中的

"一库"为企业库,由地方政府建立小微企业培育库,为资本市场输送具持续增长力的科技创新型企业、项目;"一池"为风险分担资金池,由政府拿出一部分资金与银行、担保公司共同建立风险补偿资金池,对于风险资金池的额度,银行按一定放大倍数为小型微利企业提供贷款,提高财政资金使用的杠杆率;"一办"为管理办公室,由小型微利企业培育主管部门、担保(保险)、银行、科技金融服务平台等共同组建,实现贷款审批的联动机制,有效提高企业在贷款申请过程中的效率;"一会"为项目专家评议会,当企业库提出贷款申请后,成都高新区金融办将组织专家对企业的技术、市场、信用方面作出评价。

5. 启发与经验

我们综合以上国内与国外科技支持科技创新的措施后发现,在金融支持科技、促进科技创新及创业方面,各国各地都有许多切实有效的措施。上海以加快建设"五个中心"为主攻方向,统筹牵引经济社会发展各方面工作,坚持整体谋划、协同推进,重点突破、以点带面,持续提升城市能级和核心竞争力。因此,上海有必要借鉴国内外经验,大力发展金融,促进科技发展与创新。

一是持续建设政策性投资银行和创新型银行,为中小企业、微型企业的创新项目和科技创新型中小企业、微型企业提供信用担保和再担保,利用创新服务模式有效解决融资难题。银行依然是金融支持科技创新中的重要一环,增强其服务科技创新的能力也将成为未来发展的方向之一。例如,德国的全能型银行模式既可以直接投资并持有企业股份,又可以通过中小企业贷款基金等手段,运用证券化等方式帮助中小企业拓宽资金来源。日本在20世纪90年代取消了对银行业务范围的限制,使得银行的各个子机构能为科技企业提供全生命周期的融资服务。在国内,深圳借助互联网银行,不断创新小型微利企业贷款的授信方式,在传统金融体系之外,为小型微利企业提供了解决资金问题的新途径。

二是政府应设立专门的基金或指定特定的金融机构,为企业尤其是中小企业的科技创新项目及创新型企业的运营提供低息、无息贷款、无抵押贷款保险以及实施贷款贴息、购买企业债券等措施。成都高新区推出"高新创业贷",对象为计划或正在创业及转型升级的微型或小型企业,成都高新区的财政出资为助保资金池铺底资金。合肥高新区则对500万元以下的科技创新企业采取免抵(质)押的小额纯信用担保模式,解决企业缺乏有效抵质押物难题,北京和深圳则发挥其区位及技术优势,通过金融科技及创业投资集聚区打造,降低创新创业的风险,支持创新型企业的创立和发展,以及激励企业积极开展科技创新活动。通过政府的支持和引导,可以促进科技创新企业的发展,推动科技进步和产业升级。

三是完善风险分担与退出机制,科技企业往往面临较大的市场风险,一个交易机制完善、流动性高、退出机制健全的多层次资本市场,可以满足不同类型、不同发展阶段的科技创新企业的需求。北京通过设立风险投资集聚区,一站式服务科技企业和投资资本,而硅谷等一系列的产业集聚区成为全球科技公司和资本趋之若鹜的地方。因此,上海应该吸引风险投资并引导国内外风险投资加大对创新创业的投入,探索政府与民间资本合作设立风险投资基金的模式,并出台相应的风险投资税收激励政策。

四是探索完善金融支持科技创新依据的相关法律体系,从国家层面法律法规入手,增强并完善金融支持科技创新依据的法律体系建设。例如,美国小企业管理局的设立极大地提高了美国各类科技创新型小企业创业的成功率。日本通过制定《中小企业创造法》支持科技型中小企业的风险投资。以色列则以法律形式明确科学家在资金使用中的支配地位。上海也应从顶层设计入手,从税收激励、人才建设、专利保护、成果转化等方面鼓励企业和个人进行科技创新活动。

五是增加对"从0到1"的企业的支持力度,防止过分重视政府引导基金的投资回报率。例如,在国家投资占主导的以色列,政府支持的科技研发往往无法带来商业上的成功,但政府不会将实际的融资回报作为评价因素,而是更在意这些科技企业带来的产业及人才的集聚及创新效应,甚至对失败的初创公司实行债务豁免。美国则利用完善的资本市场,为企业融资和退出提供更广阔的空间,同时,进一步减弱政府对企业的干预,企业实现良性淘汰。上海市政府在支持科技创新时,应注重规则搭建、引导私营资本投资、适时退出并发挥市场作用,增加对"从0到1"的企业的支持力度,避免只投资成熟企业从而忽略中小企业的融资需求,促进科技创新的发展和效益最大化。

研究中国式现代化下区域经济合作的"3＋3"探索思考

自上海金融业区域经济应用创新枢纽成立以来,区域经济的基础认识得到了相应的学习、比较。

1. 中国区域经济的发展研究具有良好基础和积累值得倍加珍惜

中国的区域经济研究已经经历了自1949年以来的三个阶段循序推进的发展,即中华人民共和国成立后的认识、梳理、构架;自改革开放以来的局部探索、全面布局;自新时代以来的高质量发展推进。在此过程中,具有国家区域经济发展的代表性研究系列丛书和按年发布的发展报告等成果形成,在重大生产力布局理论、市场一体化理论、空间经济学理论和区域协调发展理论等的系统指导下,我国的区域经济发展研究已经成为相对成熟的一项应用型理论体系,该体系统结构数据翔实、样本丰富、场景多彩,既是中国式现代化发展中可以信赖的基础型应用理论的一块基石,又是高质量、整体推进区域经济合作的实务支撑与推进开放合作的重要基本条件。

2. 以中共二十届三中全会精神为引领,开拓中国式现代化下的区域经济合作发展新局面

中共二十届三中全会是全面推进中国式现代化的一个重要时刻,学深悟深会议精神至关重要。中国的区域经济应该成为中国经济高质量"核心中场"的一个支点或枢纽,要因地制宜地开拓国家区域经济高质量发展的创新局面。中国式现代化下的区域经济合作发展,需要直面三个问题,一是如何认清、应对纷繁复杂的国内外经济形势。区域经济的合作发展,要以开阔的国际、国内的经济视野,思考具有不可预见的国际形势;国内经济挑战因素增加,我国经济面临国际、国内的双重挑战。二是如何直面新一轮科技革命与产业变革,区域经济正面临"第四次工业革命"。每一次工业革命都是科技创新的全面检阅,革命伴随诞生一大批崭新的"智造",推动科技革命迈向更高的能级,改变并提升已有社会的产业、形态,突破已有的产业结构、产业分工、产业协作、产业链系的束缚,从而进行彻底的变革。根据区域经济合作的相应类型,我国应分门别类地形成目标主导顺应科技革命的产业变革对策,同时应认识已有产业可能的"从有到无"的适应型转变,推进已有产业链的"颠覆性改变",加快新质生产力、新兴产业的蓬勃发展,均衡平稳地完成产业变革的"波浪式起伏"过程,这都需要区域经济加强合作。三是直面人民群众的新需求。国家发展和区域经济发展有着诸多议论热点,如股市、房市、消费变化、物价、生态环境、城市便利化提升,连同以往的教育、医疗、养老、就业等叠加,不同区域经济之间的差异成为人民群众更加关注的方面,区域经济合作如何辐射、覆盖到人民群众的关注点,已经成为满足人民群众的需求、协同区域经济合作的战略推进。

上海要把贯彻党的二十届三中全会精神落实到"六个坚持"的日常系统工作中,以开放的态度推动区域经济合作的改革,即坚持党的领导、坚持以人民为中心、坚持守正创新、坚持以制度建设为主线、坚持全面依法治国、坚持系统观念。

3. 加强我国区域经济合作的应用型研究,形成"3+3"的系统样本,复式推进试验的探索路径

我们经过对国家区域经济的系统学习与梳理并进行了交流与调研,针对区域经济应用创新枢纽将加强我国区域经济合作的应用形成"3+3"的系统样本,复式推进试验路径,将系统理论与样本实践联动,并加以应用和实操设计研究。

按照区域经济的基础元素和系统构架,我们设想了3个子系统,这些子系统共同形成中国式现代化下的区域经济合作体系。该体系通过建立科技革命系统、支持规范系统和金融服务系统,特别是通过每个系统特定的生产要素、生产力结构及其系统功能,串联起三个系统的相互融合发展,从而推动区域经济合作的高质量发展。金融服务系统是探索过程中的重要组成部分,特别是在中国式现代化下,金融更好地服务区域经济中的科技创新、实体经济和百姓民生,会出现相应的新情况、新变化和新业态,也是金融现代化的体现,需要我们认真对待。

按区域经济合作发展的已有经验和科学规律,我们选择、观测的三个试验样本暂为长三角区域的G60科创走廊、绿色乡村振兴的共建共创、民营总部经济和联盟的合作,分别代表区域经济合作的典型实践。

理论系统和实操应用的复式"3+3"构架是区域经济智库应用的全新探索。我们追求的研究特色目标如下:

第一,把区域经济合作提升到中国式现代化进程中更加重要的攻坚、突破的序列中,推动区域经济协调发展崭新格局的进一步形成。

第二,解释科技革命与产业变革对区域经济合作的颠覆型、根本型影响和改变本质,产业数字化、数字产业化、实体经济和数字经济融合发展应因地制宜,启动新质生产力全面发展的规划布局。

第三,提升、完善、促进区域经济合作的支持规范系统和金融服务系统适配科技革命系统,为区域经济合作构建开放的体系,体现综合保障资本、资源的新型服务。

第四,着力区域经济合作中科技创新引领主导和民营经济总部经济联盟探索等典型样本的梳理及规律总结,形成应用保证体系与实践检验体系的复式同步。

第五,创新应用型理论,形成多学科融合的开放式研究学习型组织,努力在区域经济合作的前沿领域,梳理研究中国式现代化建设进程中的新情况、新问题,形成问题导向、目标导向的新观点、新举措;深度合作数字深度引领、区域绿色协作影响新质生产力布局、都市圈同城化提速公共服务一体化、区域协同推动科技创新和产业创新金融发展,在国家与我国港澳台地区区域经济的共建共创等方面,渗透融入研究框架和样本,并继续进行探索、研究与实践。

后　记

《上海国际金融中心建设探索与实践(2020—2024)》一书,主要是我2020—2024年从事智库研究工作的一些记载、探索、建言和思考。

感谢上海市政府参事室、上海立信会计金融学院、上海金融业联合会五年来的支持和指导。感谢给予关心指教的专家、同行。感谢共同进行课题合作研究的陆家嘴金融局、浦东金融促进会、上海金融业联合会的朋友。

特别感谢参加本书部分撰稿的作者们,按本书顺序排列如下:

(1)"探索"编。部分撰稿:郭晖、马士群、张弘等。

(2)"建言"编。部分撰稿:孙友罡、王玉、刘婷婷等。

(3)"思考"编。部分撰稿:马士群、郭晖、徐铮嵘、陈天等。

同时感谢对撰稿工作提供支持的以下同志:李文亮、博恬、林胤赜、陈炫、余辉、孙文华、冯康平、宁春英等。

本书的电子版整理者:吴大器、马士群、陈天。清样校对:吴大器,审核:吴大器。

感谢立信会计出版社的窦瀚修先生、秦思慧编辑。

敬请阅读者批评指正。

2024年12月

吴大器

参 考 文 献

[1] 吴大器.长三角经济一体化高质量发展推进模型初论[M].天津:天津科学技术出版社,2020.

[2] 储敏伟,贺瑛,朱德林.2006年上海国际金融中心建设蓝皮书[M].上海:上海人民出版社,2006.

[3] 储敏伟,贺瑛,朱德林.2007年上海国际金融中心建设蓝皮书[M].上海:上海人民出版社,2007.

[4] 储敏伟,贺瑛,朱德林.2008年上海国际金融中心建设蓝皮书[M].上海:上海人民出版社,2008.

[5] 储敏伟,朱德林.2009年上海国际金融中心建设蓝皮书[M].上海:上海人民出版社,2009.

[6] 储敏伟,吴大器,贺瑛.2010年上海国际金融中心建设蓝皮书[M].上海:上海人民出版社,2010.

[7] 储敏伟,吴大器.2011年上海国际金融中心建设蓝皮书[M].上海:上海人民出版社,2011.

[8] 储敏伟,吴大器,贺瑛.2012年上海国际金融中心建设蓝皮书[M].上海:上海人民出版社,2012.

[9] 储敏伟,吴大器,贺瑛.2013年上海国际金融中心建设蓝皮书[M].上海:上海人民出版社,2013.

[10] 吴大器.2014年上海国际金融中心建设蓝皮书[M].上海:上海人民出版社,2014.

[11] 吴大器.2015年上海国际金融中心建设蓝皮书[M].上海:上海人民出版社,2015.

[12] 吴大器.2016年上海国际金融中心建设蓝皮书[M].上海:上海人民出版社,2016.

[13] 吴大器.2017年上海国际金融中心建设蓝皮书[M].上海:上海人民出版社,

2017.

[14] 吴大器.2018年上海国际金融中心建设蓝皮书[M].上海:上海人民出版社,2018.

[15] 吴大器.2019—2020年上海国际金融中心建设蓝皮书[M].上海:上海人民出版社,2020.

[16] 杨颜菲,刘梦丹,毕京津,等.以加快农业农村现代化更好推进中国式现代化建设[N].人民日报,2024-03-05(009).

[17] 人民日报社论.坚持科技是第一生产力、人才是第一资源、创新是第一动力[N].科技日报,2023-12-28(005).

[18] 张丹华.聚焦新质生产力展望农业新未来[N].人民日报,2024-10-30(010).

[19] 巴曙松,丛钰佳,朱伟豪.绿色债券理论与中国市场发展分析[J].杭州师范大学学报(社会科学版),2019,41(01):91-106.

[20] 荣莉,金晶,喻旻昕.财政监督、政府审计与地方政府债务风险[J].当代财经,2023(07):132-142.

[21] 王俊.优化金融配置推动区域科技创新[J].中国金融,2024(03):83-84.

[22] 潘鸿雁,刘欣雨.镇域发展共同体:城乡等值理论下超大城市城乡融合发展模式探讨[J].中国矿业大学学报(社会科学版),2024,26(05):117-130.

[23] 庄芹芹,王颖,韩龙艳.面向科技自立自强的中国科技体制改革逻辑与实践突破[J].中国软科学,2024(09):69-79.

[24] 周程,彭晓艺,谢雯,等.营造支持科技创新引领现代化产业体系建设的政策生态[J].中国科学院院刊,2024,39(07):1153-1162.

[25] 金轩.扎实推动区域协调发展[N].人民日报,2024-10-14(006).

[26] 兰芳.公共管理视角下我国区域金融人才集聚问题研究[M].北京:中国金融出版社,2021.

[27] 何宪.中国金融人才研究[M].北京:中国人事出版社,2019.

[28] 曹彤,张建锋,肖利华,刘伟光.数智金融与产业赋能[M].北京:电子工业出版社,2022.

[29] 张晓燕.数实融合:数字经济赋能传统产业转型升级[M].北京:中国经济出版社,2022.

[30] 蔡真.上海国际金融中心建设:评估理论及发展战略研究[M].北京:中国社会科学出版社,2022.

[31] 徐美芳.全球竞争格局下的国际金融中心建设:上海探索与实践[M].上海:上海

人民出版社,2019.

[32] 张兴旺,陈希敏.国内外科技金融创新发展模式比较研究[J].科学管理研究,2017,35(5):4.

[33] 魏路遥.国内四城市科技金融发展比较及国际经验借鉴[J].海南金融,2019(7):6.

[34] 王慧,皇甫静.新质生产力推进数字乡村建设的理论内涵、现实基础及提升路径[J/OL].社会科学家,2024(06):123-129[2024-12-12].http://kns.cnki.net/kcms/detail/45.1008.C.20241202.1437.028.html.

[35] 聂光宇,彭兴越,唐秋雨.中国特色金融发展赋能企业新质生产力:经验证据、现实挑战与对策建议[J].山西财经大学学报,2024,46(12):65-79.